DIRECTIONS
POUR
LA CONSCIENCE
D'UN ROI.

DIRECTIONS
POUR
LA CONSCIENCE D'UN ROI,

COMPOSÉES

POUR L'INSTRUCTION

DE

LOUIS DE FRANCE,

DUC DE BOURGOGNE;

Par feu Messire FRANÇOIS DE SALIGNAC DE LA MOTHE-FENELON, *Archevêque Duc de Cambrai, son Précepteur.*

Et nunc Reges intelligite : Erudimini qui judicatis Terram. *Psalm. II. 10.*

A PARIS,

Chez les Freres ESTIENNE, Libraires, rue Saint Jacques, à la Vertu.

M. DCC. LXXV.

Avec Approbation, & Privilége du Roi.

AVERTISSEMENT
DES LIBRAIRES.

LE *Livre des* DIRECTIONS DE LA CONSCIENCE D'UN ROI, *par M.* de Fenelon, *est un de ces Ouvrages rares, en possession de l'estime universelle. Digne d'être recherché de tous les Souverains, pour qui il semble fait plus particuliérement, il est également précieux aux Sujets, puisque les devoirs que la Sagesse & la Vérité y prescrivent, se rapportent au bonheur des Peuples.*

Cet Ouvrage immortel peut donc être regardé comme un bienfait pour l'humanité entiere ; auſſi tous ceux qui en ont parlé, n'ont-ils pu ſe défendre de le louer avec cette eſpece d'enthouſiaſme qui naît de l'admiration & de la reconnoiſſance.

Entre une foule de témoignages, contentons-nous de rapporter ce qu'en ont dit des Orateurs que l'Académie a récemment accueillis comme les plus dignes Panégyriſtes de Fenelon, & que nous pouvons, à cet égard, appeller les Orateurs de la Patrie.

« *L'Auteur du Télemaque*, dit

» M. l'Abbé Maury (*), *déchire le*
» *voile de ses fictions. Ce n'est plus à*
» *un Enfant, c'est au Chrétien qu'il*
» *s'adresse. Dans quelle situation*
» *placera-t-il son Eleve? Il l'ap-*
» *pelle à ce moment de vérité, où*
» *l'homme prosterné dans un Tri-*
» *bunal se dénonce lui-même à son*
» *Juge. Le Directeur va plus loin*
» *que l'Instituteur : son cœur s'é-*
» *panche. En interrogeant, il accu-*
» *se; en énonçant, il démontre; en*
» *avertissant, il frappe. Quand on*
» *lit cette Instruction paternelle,*

(*) Eloge de Fenelon, par M. l'Abbé Maury, *p. 22.*

» *où les maximes les plus abstraites de l'art du Gouvernement sont aussi lumineuses que les éternels axiomes de la raison, on croit voir l'Humanité s'asseoir avec la Religion aux côtés d'un jeune Prince, pour lui enseigner toutes les regles de Morale qu'il doit suivre, s'il veut rendre ses Peuples heureux* ».

» *Ce qu'il faut admirer dans cet Ouvrage*, dit un autre Écrivain (*), *c'est la foule de connoissances relatives à toutes les*

(*) Eloge de Fenelon, par un Anonyme, Note *c*.

» *parties du Gouvernement, &*
» *plus encore la noble franchiſe de*
» *ces conſeils donnés à un Prince.*
» *C'eſt-là qu'on jette un jour terri-*
» *ble dans les dédales de l'Intri-*
» *gue... Jamais homme qui devoit*
» *commander aux autres ne fut mis*
» *ſi fortement en garde contre lui-*
» *même, non par des lieux communs*
» *dont les redites oiſeuſes aſſoupiſ-*
» *ſent plus qu'elles ne réveillent ſur*
» *le danger, mais par des tableaux*
» *vrais, auxquels le ſentiment*
» *donne la couleur; mais par des*
» *détails circonſtanciés, domeſti-*
» *ques, perſonnels, qui font rougir,*

» *trembler, rentrer en ſoi, & qui*
» *reſtent* ».

Enfin l'Orateur (*), *à qui l'Académie a décerné le Prix, s'eſt contenté d'un ſeul trait pour caractériſer cet Ouvrage.* « *On peut* » *l'appeller*, dit-il, *l'Abrégé de la* » *Sageſſe, & le Catéchiſme des* » *Princes* ».

Ce que nous oſons ajouter à ces éloges, c'eſt que les riches idées qu'ils préſentent ne ſauroient être ſurpaſſées que par la lecture de l'Ouvrage même.

(*) Eloge de Fenelon, par M. de la Harpe, *p.* 19.

On ſait que ces Directions *furent l'un des fruits de la correſpondance ſecrette de l'Archevêque de Cambrai avec le Duc de Bourgogne, Petit-Fils de Louis XIV : & tel fut l'uſage que ce vertueux Inſtituteur ſut faire, dans ſa diſgrace, de la confiance que lui conſervoit ſon auguſte Eleve ; elles ont été publiées pour la premiere fois à la Haye, en* 1748, *d'après une copie qui venoit de l'Hôtel de Beauvilliers.*

Cette premiere Edition & les ſuivantes étant épuiſées, c'eſt rendre un ſervice eſſentiel à tous les Peuples, que de ne point laiſſer manquer un Ouvrage composé pour leur bonheur. Ce motif seul auroit pu nous déterminer à le remettre sous les yeux du Public : mais ce qui a surtout excité notre zele, & ce qui doit faire recevoir avec un empressement tout nouveau l'Edition que nous présentons aujourd'hui, c'est qu'elle paroît du consentement même de notre jeune MONARQUE. *Quel suffrage ! & quelles espérances un sentiment si généreux ne doit-il pas faire concevoir !*

DIRECTIONS

DIRECTIONS
POUR
LA CONSCIENCE
D'UN ROI.

INTRODUCTION.

PERSONNE ne ſouhaite plus que moi, MONSEIGNEUR, que vous ſoyez un très-grand nombre d'années loin des périls inſéparables de la Royauté. Je le ſouhaite par zele pour la conſervation de la perſonne ſacrée du Roi, ſi néceſſaire à ſon Royaume, & de celle de Monſeigneur le Dauphin (*). Je le ſouhaite pour le bien de l'État. Je le ſouhaite pour le vôtre même : car, un des plus grands malheurs, qui vous pût arriver, ſeroit d'être maître des autres, dans un âge où vous l'êtes encore ſi peu de vous-même. Mais, il faut vous préparer de loin aux dangers d'un État, dont je prie Dieu de vous préſerver juſqu'à l'âge le plus avancé de la

(*) LOUIS DE FRANCE, *Fils de* LOUIS XIV, *né à Fontainebleau le premier Novembre 1166, & mort à Meudon le 14 Avril 1711.*

vie. La meilleure maniere de faire connoître cet État à un Prince qui craint Dieu, & qui aime la Religion, c'eſt de lui faire un *Examen de Conſcience* ſur les devoirs de la Royauté : & c'eſt ce que je vais tâcher de faire.

DIRECTION I.

Connoiſſez-vous aſſez toutes les vérités du Chriſtianiſme ? Vous ſerez jugé ſur l'Évangile comme le moindre de vos Sujets. Étudiez-vous vos devoirs dans cette loi Divine ? Souffririez-vous, qu'un Magiſtrat jugeât tous les jours les Peuples en votre nom, ſans ſavoir vos Loix &

vos Ordonnances qui doivent être la regle de ſes Jugemens ? Eſpérez-vous, que Dieu ſouffrira que vous ignoriez ſa Loi, ſuivant laquelle il veut que vous viviez, & que vous gouverniez ſon Peuple ? Liſez-vous l'Évangile ſans curioſité, avec une docilité humble, dans un eſprit de pratique, & vous tournant contre vous-même pour vous condamner dans toutes les choſes que cette Loi reprendra en vous ?

DIRECTION II.

Ne vous êtes-vous point imaginé, que l'Évangile ne doit point être la regle des Rois, comme celle de leurs Sujets ; que la Politique les diſpenſe d'être humbles, juſtes, ſinceres, modérés, compatiſſans, prêts à pardonner les injures ? Quelque lâche & corrompu flateur ne vous a-t-il point dit, & n'avez-vous point été bien-aiſe de croire, que les Rois ont beſoin de ſe gouverner, pour leurs Etats, par certaines maximes de hauteur, de dureté, de diſſimulation, en s'élevant au-deſſus des regles communes de la juſtice & de l'humanité ?

DIRECTION III.

N'avez-vous point cherché les Conſeillers en tout genre les plus diſpoſés à vous flater dans vos maximes d'ambition, de vanité, de faſte, de moleſſe, & d'artifice ? N'avez-vous point eu peine à croire les hommes fermes & déſintéreſſés, qui ne deſirant rien de vous, & ne ſe laiſſant point éblouir par votre grandeur, vous auroient dit avec reſpect toutes vos vérités ; & vous auroient contredit, pour vous empêcher de faire des fautes ?

DIRECTION IV.

N'avez-vous pas été bien-aiſe, dans les replis les plus cachés de votre cœur, de ne pas voir le bien que vous n'aviez pas envie de faire, parce qu'il vous en auroit trop coûté pour le pratiquer : & n'avez-vous point cherché des raiſons pour excuſer le mal auquel votre inclination vous portoit ?

DIRECTION V.

N'avez-vous point négligé la priere, pour demander à Dieu la connoiſſance de ſes volontés ſur vous ? Avez-vous cherché dans la priere la grace pour profiter de vos lectures ? Si vous avez négligé de prier, vous vous êtes rendu coupable de toutes les ignorances où vous avez vécu, & que l'eſprit de priere vous auroit ôtées. C'eſt peu de lire les vérités éternelles, ſi on ne prie pour obtenir le don de les bien entendre. N'ayant pas bien prié, vous avez mérité les ténebres où Dieu vous a laiſſé ſur la correction de vos défauts, & ſur l'accompliſſement de vos devoirs. Ainſi, la négligence, la tiédeur, & la diſtraction volontaire, dans la priere, qui paſſent pour l'ordinaire pour les plus légeres de toutes les fautes, ſont néanmoins la vraie ſource de l'ignorance, & de l'aveuglement funeſte, où vivent la plûpart des Princes.

DIRECTION VI.

Avez-vous choiſi, pour votre Conſeil de Conſcience, les hommes les plus pieux, les plus fermes, & les plus éclairés, comme on cherche les meilleurs Généraux d'armée pour commander pendant la guerre, & les meilleurs Médecins quand on eſt malade ? Avez-vous compoſé ce Conſeil de Conſcience de pluſieurs perſonnes, afin que l'une puiſſe vous préſerver des préventions de l'autre; parce que tout homme, quelque droit & habile qu'il puiſſe être, eſt toujours capable de prévention ? Avez-vous donné à ce Conſeil une entiere liberté de vous découvrir, ſans adouciſſement, toute l'étendue de vos obligations de Conſcience ?

DIRECTION VII.

Avez-vous travaillé à vous inſtruire des Loix, Coutumes & Uſages du Royaume ? Le Roi eſt le premier Juge de ſon Etat. C'eſt lui, qui fait les Loix : c'eſt lui, qui les interprete dans le beſoin. C'eſt lui, qui juge ſouvent dans ſon Conſeil, ſuivant les Loix qu'il a établies, ou trouvées déjà établies avant ſon regne. C'eſt lui, qui doit redreſſer tous les autres Juges. En un mot, ſa fonction eſt d'être à la tête de ſes armées pendant la guerre. Et comme la guerre ne doit jamais être faite qu'à regret, & le plus courtement qu'il eſt poſſible, & en vûe d'une conſtante paix ; il s'enſuit, que la fonction de commander des armées n'eſt qu'une fonction paſſagere, forcée, & triſte pour les bons Rois : au lieu que celle de juger les Peuples, & de veiller ſur tous les Juges, eſt leur fonction naturelle, eſſentielle, ordinaire & inſéparable de la Royauté. Bien juger, c'eſt juger ſelon les Loix. Pour juger ſelon les Loix, il les faut ſavoir. Les ſavez-vous ; & êtes-vous en état de redreſſer les Juges qui les ignorent ? Connoiſſez-vous aſſez les principes de la Juriſprudence, pour être facilement au fait, quand on vous rapporte une affaire ? Êtes-vous en état de diſcerner, entre vos Conſeillers, ceux qui vous flatent, d'avec ceux qui ne vous flatent pas ; &

ceux qui ſuivent religieuſement les regles, d'avec ceux qui voudroient les plier d'une façon arbitraire ſelon leurs vûes? Ne dites point, que vous ſuivez la pluralité des voix : car, outre qu'il y a des cas de partage dans votre Conſeil, où votre avis doit décider, ne fuſſiez-vous-là que comme un Préſident de Compagnie; de plus, vous êtes là le ſeul vrai Juge. Vos Conſeillers d'État, ou Miniſtres, ne ſont que de ſimples Conſulteurs. C'eſt vous ſeul qui décidez effectivement. La voix d'un ſeul homme de bien, éclairé, doit ſouvent être préférée à celle de dix Juges timides & foibles, ou entêtés & corrompus. C'eſt le cas où l'on doit plutôt peſer que compter les voix.

DIRECTION VIII.

Avez-vous étudié la vraie forme du Gouvernement de votre Royaume? Il ne ſuffit pas de ſavoir les Loix qui reglent la propriété des terres & autres biens, entre les Particuliers : c'eſt, ſans doute, la moindre partie de la Juſtice. Il s'agit de celle que vous devez garder entre votre Nation & vous, entre vous & vos voiſins. Avez-vous étudié ſérieuſement ce qu'on nomme le *Droit des Gens :* Droit, qu'il eſt d'autant moins permis à un Roi d'ignorer, que c'eſt le Droit qui regle ſa conduite dans ſes plus importantes fonctions ; & que ce Droit ſe réduit aux principes les plus évidens du Droit naturel pour le genre humain ? Avez-vous étudié les Loix fondamentales, & les Coutumes conſtantes, qui ont force de Loi pour le Gouvernement de votre Nation particuliere ? Avez-vous cherché á connoître, ſans vous flater, quelles ſont les bornes de votre autorité ? Savez-vous par quelles formes le Royaume s'eſt gouverné ſous les diverſes Races ? Ce que c'étoit que les anciens Parlemens, & les Etats-Généraux qui leur ont ſuccédé ; quelle étoit la ſubordination des fiefs ; comment les choses ont passé à l'état présent ; sur quoi ce changement est fondé ; ce que c'est que l'Anarchie ; ce que c'est que la Puissance arbitraire ; & ce que c'est que la Royauté réglée par les Loix, milieu entre ces deux extrémités ? Souffririez-vous, qu'un Juge jugeât, sans savoir l'Ordonnance : & qu'un Général d'armée commandât, sans savoir l'art militaire ? Croyez-vous, que Dieu souffre que vous régniez, si vous régnez sans être instruit de ce qui doit borner & régler votre Puissance ? Il ne faut donc pas regarder l'étude de l'histoire, des mœurs, & de tout le détail de l'ancienne forme du Gouvernement, comme une curiosité indifférente, mais comme un devoir essentiel de la Royauté.

DIRECTION IX.

Il ne suffit pas de savoir le passé : il faut connoître le présent. Savez-vous le nombre d'hommes, qui composent votre nation ; combien d'Hommes, combien de Femmes, combien de Laboureurs, combien d'Artisans, combien de Praticiens, combien de Commerçans, combien de Prêtres & de Religieux, combien de Nobles & de Militaires ? Que diroit-on d'un Berger, qui ne sauroit pas le nombre

nombre de ſon troupeau ? Il eſt auſſi facile à un Roi de ſavoir le nombre de ſon Peuple : il n'a qu'à le vouloir. Il doit ſavoir, s'il y a aſſez de Laboureurs ; s'il y a à proportion trop d'autres Artiſans, trop de Praticiens, trop de Militaires, à la charge de l'État. Il doit connoître le naturel des habitans des différentes Provinces, leurs principaux uſages, leurs franchiſes, leur commerce, & les Loix de leurs divers trafics au-dedans & au-dehors du Royaume. Il doit ſavoir quels ſont les divers Tribunaux établis en chaque Province, les droits des charges, les abus de ces charges, &c. autrement, il ne ſaura point la valeur de la plûpart des choſes qui paſſeront devant ſes yeux. Ses Miniſtres lui en imposeront ſans peine à toute heure : il croira tout voir ; & ne verra rien qu'à demi. Un Roi ignorant ſur toutes ces choſes, n'eſt qu'à demi Roi. Son ignorance le met hors d'état de redreſſer ce qui eſt de travers. Son ignorance fait plus de mal, que la corruption des hommes qui gouvernent ſous lui.

DIRECTION X.

On dit d'ordinaire aux Rois, qu'ils ont moins à craindre leurs vices particuliers, que les défauts auxquels ils s'abandonnent dans les fonctions Royales. Pour moi, je dis hardiment le contraire: & je ſoutiens, que toutes leurs fautes dans la vie privée ſont d'une conſéquence infinie pour la Royauté. Examinez donc vos mœurs en détail. Les Sujets ſont de ſerviles imitateurs de leurs Princes ; ſur-tout dans les choſes qui flattent leurs paſſions. Leur avez-vous donné le mauvais exemple d'un amour deshonnête & criminel ? Si vous l'avez fait, votre autorité a mis en honneur l'infamie : vous avez rompu la barriere de l'honneur & de l'honnêteté : vous avez fait triompher le vice & l'impudence : vous avez appris à tous vos Sujets à ne rougir plus de ce qui eſt honteux : leçon funeſte, qu'ils n'oublieront jamais! *Il vaudroit mieux*, dit Jeſus-Chriſt, *être jetté avec une meule de moulin au cou, au fond des abîmes de la mer, que d'avoir ſcandaliſé le moindre des petits.* Quel eſt donc le ſcandale d'un Roi, qui montre le vice aſſis avec lui ſur ſon Trône, non-ſeulement à tous ſes Sujets, mais encore à toutes les Cours, & à toutes les Nations du monde connu ! Le vice eſt par lui-même un poiſon contagieux. Le genre humain eſt toujours prêt à recevoir cette contagion : il ne tend, par ſes inclinations, qu'à ſecouer le joug de toute pudeur.

Une étincelle cauſe un incendie. Une action d'un Roi fait ſouvent une multiplication & un enchaînement de crimes, qui s'étendent juſqu'à pluſieurs Nations & à pluſieurs ſiecles. N'avez-vous point donné de ces mortels exemples ? Peut-être croyez-vous que vos déſordres ont été ſecrets. Non : le mal n'eſt jamais ſecret dans les Princes. Le bien peut y être ſecret ; car on a grande peine à le croire véritable en eux : mais pour le mal, on le devine, on le croit ſur les moindres ſoupçons. Le Public pénetre tout : & ſouvent, pendant que le Prince ſe flatte que ſes foibleſſes ſont ignorées, il eſt le ſeul qui ignore combien elles ſont l'objet de la plus maligne critique. En lui, tout commerce équivoque eſt ſujet à explication : toute apparence de galanterie, tout air paſſionné ou amuſé, cauſe un ſcandale, & porte coup juſqu'à altérer les mœurs de toute une Nation.

DIRECTION XI.

N'avez-vous point autoriſé une liberté immodeſte dans les femmes ? Ne les admettez-vous dans votre Cour, que pour le vrai beſoin ? N'y ſont-elles qu'auprès de la Reine, ou des Princeſſes de votre maiſon ? Choiſiſſez-vous pour ces places, des femmes d'un âge mûr, & d'une vertu éprouvée ? Excluez-vous de ces places, les jeunes femmes d'une beauté qui feroit un piége pour vous, & pour vos courtisans ? Il vaut mieux que de telles perſonnes demeurent dans une vie retirée, au milieu de leur famille, loin de la Cour. Avez-vous exclus de votre Cour toutes les Dames qui n'y ſont point néceſſaires dans les places auprès des Princeſſes ? Avez-vous ſoin de faire en ſorte, que les Princeſſes elles-mêmes ſoient modeſtes, retirées, & d'une conduite réguliere en tout ? En diminuant le nombre des femmes de la Cour, & en les choiſiſſant le mieux que vous pouvez, avez-vous ſoin d'écarter celles qui introduiſent des libertés dangereuſes, & d'empêcher que les courtiſans corrompus ne les voyent en particulier, hors des heures où toute la Cour ſe raſſemble? Toutes ces précautions paroiſſent maintenant des ſcrupules & des ſévérités outrées : mais, ſi on remonte aux tems qui ont précédé FRANÇOIS I, on trouvera qu'avant la licence ſcandaleuſe introduite par ce Prince, les femmes de la premiere condition ſur-tout celles qui étoient jeunes & belles, n'alloient point à la Cour. Tout au plus, elles y paroiſſoient très-rarement, pour aller rendre leurs devoirs à la Reine : enſuite, leur honneur étoit de demeurer à la campagne dans leur famille. Ce grand nombre de femmes, qui vont librement par-tout à la Cour, eſt un abus monſtrueux, auquel on a accoutumé la Nation. N'avez-vous point autoriſé cette pernicieuſe coutume ? N'avez-vous point attiré ou conſervé, par quelque diſtinction dans votre Cour, quelque femme d'une conduite actuellement ſuſpecte, ou du moins qui a autrefois mal édifié le monde ? Ce n'eſt point à la Cour, que ces perſonnes profanes doivent faire pénitence : qu'elles l'aillent faire dans des retraites, ſi elles ſont libres ; ou dans leurs familles, ſi elles ſont attachées au monde par leurs maris encore vivans. Mais écartez de votre Cour tout ce qui n'a pas été régulier ; puiſque vous avez à choiſir parmi toutes les femmes de qualité de votre Royaume, pour remplir les places.

DIRECTION XII.

Avez-vous ſoin de réprimer le luxe, & d'arrêter l'inconſtance ruineuſe des modes ? C'eſt ce qui corrompt la plûpart des Femmes. Elles ſe jettent à la Cour dans des dépenſes qu'elles ne peuvent ſoutenir ſans crime. Le luxe augmente en elles la paſſion de plaire :

& leur paſſion pour plaire ſe tourne principalement à tendre des piéges au Roi. Il faudroit qu'il fût inſenſible & invulnérable, pour réſiſter à toutes ces femmes pernicieuſes qu'il tient autour de lui : c'eſt une occaſion toujours prochaine, à laquelle il s'expoſe. N'avez-vous point ſouffert que les perſonnes les plus vaines & les plus prodigues, aient inventé de nouvelles modes pour augmenter les dépenſes ? N'avez-vous pas vous-même contribué à un ſi grand mal, par une magnificence exceſſive ? Quoique vous ſoïez Roi, vous devez éviter tout ce qui coûte beaucoup, & que d'autres voudroient avoir comme vous. Il eſt inutile d'alléguer que nul de vos Sujets ne doit ſe permettre un extérieur qui ne convient qu'à vous : les Princes qui vous touchent de près, voudront faire à peu près ce que vous faites ; les Grands Seigneurs ſe piqueront d'imiter les Princes ; les Gentils-hommes voudront être comme les Seigneurs ; les Financiers ſurpaſſeront les Seigneurs-mêmes, & tous les Bourgeois voudront marcher ſur les traces des Financiers, qu'ils ont vû ſortir de la boue.

Perſonne ne ſe meſure & ne ſe fait juſtice : de proche en proche le luxe paſſe, comme par une nuance imperceptible, de la plus haute condition à la lie du Peuple. Si vous avez de la broderie, bientôt tout le monde en portera. Le ſeul moyen d'arrêter tout court le luxe, c'eſt de donner vous-même l'exemple que Saint Louis donnoit d'une grande ſimplicité. L'avez-vous donné en tout, cet exemple ſi néceſſaire ? Il ne ſuffit pas de le donner en habits, il faut le donner en meubles, en équipages, en table, en bâtimens, en terres, en jardins, en parcs, &c. Sachez comment les Rois vos Prédéceſſeurs étoient logés & meublés ; ſachez quels étoient leurs repas & leurs voitures ; & vous ſerez étonné des prodiges de luxe où nous ſommes tombés. Il y a aujourd'hui plus de caroſſes à ſix chevaux dans Paris, qu'il n'y avoit de mules il y a cent ans. Chacun n'avoit point ſa chambre : une ſeule chambre avec plusieurs lits, ſuffiſoit pour pluſieurs perſonnes. Maintenant chacun ne ſe peut plus paſſer d'appartemens vaſtes, & d'enfilades. Chacun veut avoir des jardins où l'on renverſe toute la terre, des jets-d'eau, des ſtatues, des parcs ſans bornes, des maiſons dont l'entretien ſurpaſſe le revenu des terres où elles ſont ſituées. D'où tout cela vient-il ? De l'exemple que les uns prennent ſur les autres. L'exemple ſeul peut redreſſer les mœurs de toute la Nation. Nous voyons même que la folie de nos modes eſt contagieuſe chez tous nos voiſins. Toute l'Europe, ſi jalouſe de la France, ne peut s'empêcher de ſe ſoumettre ſérieuſement à nos loix, dans ce que nous avons de plus frivole & de plus pernicieux. Encore une fois, telle eſt la force de l'exemple du Prince, qu'il peut lui ſeul, par ſa modération, ramener au bon ſens ſes propres peuples & les peuples voiſins. Puiſqu'il le peut, il le doit ſans doute. L'avez-vous fait ?

DIRECTION XIII.

N'avez-vous point donné un

mauvais exemple, ou pour des paroles trop libres, ou pour des railleries piquantes, ou pour des manieres indécentes de parler ſur la Religion ? Les Courtiſans ſont de ſerviles imitateurs, qui font gloire d'avoir tous les défauts du Prince. Avez-vous repris l'irreligion juſques dans les moindres mots par leſquels on vouloit l'inſinuer ? Avez-vous fait ſentir votre ſincere indignation contre l'impiété ? N'avez-vous rien laiſſé de douteux là-deſſus ? N'avez-vous jamais été retenu par une mauvaiſe honte qui vous ait fait rougir de l'Évangile ? Avez-vous montré par vos diſcours & par vos actions, votre Foi ſincere,

cere, & votre zele pour le Christianisme? Vous êtes-vous servi de votre autorité pour rendre l'irréligion muette? Avez-vous écarté avec horreur les plaisanteries mal-honnêtes, les discours équivoques, & toutes les autres marques de libertinage?

DIRECTION XIV.

N'avez-vous rien pris à aucun de vos Sujets par pure autorité & contre les regles? L'avez-vous dédommagé, comme un particulier l'auroit fait, quand vous avez pris sa maison, ou enfermé son champ dans votre parc, ou supprimé sa charge, ou éteint sa rente? Avez-vous examiné à fond les vrais besoins de l'État, pour les comparer avec l'inconvénient des taxes avant que de charger vos Peuples ? Avez-vous consulté sur une si importante question, les hommes les plus éclairés, les plus zélés pour le bien public, & les plus capables de vous dire la vérité sans flatterie ni mollesse ? N'avez-vous point appellé *Nécessité de l'État*, ce qui ne servoit qu'à flatter votre ambition, comme une guerre pour faire des conquêtes, ou pour acquérir de la gloire ? N'avez-vous point appellé *Besoins de l'État* vos propres prétentions ? Si vous aviez des prétentions personnelles pour quelque succession, dans les États voiſins, vous deviez ſoutenir cette guerre ſur votre domaine, ſur vos épargnes, ſur vos emprunts perſonnels; ou du moins, ne prendre à cet égard que les ſecours qui vous auroient été donnés par la pure affection de vos peuples; & non pas les accabler d'impôts, pour ſoutenir des prétentions qui n'intéreſſent point vos ſujets : car ils n'en ſeront pas plus heureux, quand vous aurez une Province de plus. Quand Charles VIII alla à Naples, pour recueillir la ſucceſſion de la maiſon d'Anjou, il entreprit cette guerre à ſes dépens : l'État ne ſe crut point obligé aux frais de cette entreprise. Tout au plus, vous pourriez recevoir en de telles occasions, les dons des peuples, faits par affection, & par rapport à la liaison qui est entre les intérêts d'une Nation zélée & d'un Roi qui la gouverne en pere. Mais selon cette vûe, vous seriez bien éloigné d'accabler les peuples d'impôts pour votre intérêt particulier.

DIRECTION XV.

N'avez-vous point toléré des injustices, lors même que vous vous êtes abstenu d'en faire ? Avez-vous choisi avec assez de soin, toutes les personnes que vous avez mises en autorité, les

Intendans, les Gouverneurs, les Miniſtres, &c. N'en avez-vous choiſi aucun par condeſcendance pour ceux qui vous les propoſoient, ou par un ſecret deſir qu'ils pouſſaſſent au-delà des vraies bornes votre autorité, ou vos revenus? Vous êtes-vous informé de leur adminiſtration? Avez-vous fait entendre que vous étiez prêt à écouter des plaintes contre eux, & à en faire bonne juſtice? L'avez-vous faite quand vous avez découvert leurs fautes? N'avez-vous point donné, ou laiſſé prendre à vos Miniſtres, des profits exceſſifs que leurs ſervices n'avoient point mérités? Les récompenſes que le Prince donne à ceux qui ſervent ſous lui, doivent toujours avoir certaines bornes. Il n'eſt point permis de leur donner des fortunes qui ſurpaſſent celles des gens de la plus haute condition, ni qui ſoient diſproportionnées aux forces préſentes de l'État. Un Miniſtre, quelque ſervice qu'il ait rendu, ne doit point parvenir tout-à-coup à des biens immenſes, pendant que les peuples ſouffrent, & que les Princes & les Seigneurs du premier rang ſont à l'étroit. Il eſt encore moins permis de donner de telles fortunes à des Favoris, qui d'ordinaire ont encore moins ſervi l'État que les Miniſtres.

DIRECTION XVI.

Avez-vous donné à tous les Commis des Bureaux de vos Miniſtres, & aux autres perſonnes qui rempliſſent les emplois ſubalternes, des appointemens raiſonnables pour pouvoir ſubſiſter honnêtement ſans rien prendre des expéditions ? En même-tems, avez-vous réprimé le luxe & l'ambition de ces gens-là ? Si vous y avez manqué, vous êtes reſponſable de toutes les exactions ſecrettes qu'ils ont faites dans leurs fonctions. D'un côté, ils n'entrent dans ces places, qu'en comptant qu'ils y vivront avec éclat, & qu'ils y feront de promptes fortunes. D'un autre côté, ils n'ont d'ordinaire en appointemens, que le tiers de l'argent qu'il leur faut pour la dépense honorable qu'ils font avec leurs familles. Ils n'ont d'ordinaire aucun bien par leur naissance : que voulez-vous qu'ils fassent ? Vous les mettez dans une espece de nécessité de prendre en secret tout ce qu'ils peuvent attraper sur l'expédition des affaires. Cela est évident : & c'est fermer les yeux de mauvaise foi, que de ne le pas voir. Il faudroit que vous leur donnassiez davantage, & que vous les empêchassiez de se mettre sur un trop haut pié.

DIRECTION XVII.

Avez-vous cherché les moyens de ſoulager les Peuples, & de ne prendre ſur eux que ce que les vrais beſoins de l'État vous ont contraint de prendre pour leur propre avantage? Le bien des peuples ne doit être employé qu'à la vraie utilité des peuples mêmes. Vous avez votre domaine qu'il faut retirer & liquider: il eſt deſtiné à la ſubſiſtance de votre maiſon. Vous devez modérer cette dépenſe; ſur-tout quand vos revenus de domaine ſont engagés, & que les Peuples ſont épuiſés. Les ſubventions des Peuples doivent être employées pour les vraies charges de l'État. Vous devez vous étudier à retrancher dans les tems de pauvreté publique, toutes les charges qui ne ſont pas d'une abſolue néceſſité. Avez-vous conſulté les perſonnes les plus habiles & les mieux intentionnées, qui peuvent vous inſtruire de l'état des Provinces, de la culture des terres, de la fertilité des années dernieres, de l'état du commerce, &c. pour ſavoir ce que l'État peut payer ſans ſouffrir ? Avez-vous réglé là-deſſus les impôts de chaque année ? Avez-vous écouté favorablement les remontrances des gens de bien ? Loin de les réprimer, les avez-vous cherchées & prévenues, comme un bon Prince le doit faire ? Vous ſavez qu'autrefois le Roi ne prenoit jamais rien ſur ſes peuples par ſa ſeule autorité : c'étoit le Parlement, c'eſt-à-dire, l'aſſemblée de la Nation qui lui accordoit les fonds néceſſaires pour les beſoins extraordinaires de l'État : hors de ce cas, il vivoit de ſon domaine. Qu'eſt-ce qui a changé cet ordre, ſinon l'autorité abſolue que les Rois ont priſe ? De nos jours on voyoit encore les Parlemens, qui ſont des Compagnies infiniment inférieures aux anciens Parlemens ou États de la Nation, faire des remontrances pour n'enregistrer pas les Édits bursaux. Du moins devez-vous n'en faire aucun, sans avoir bien consulté des personnes incapables de vous flatter, & qui aient un véritable zéle pour le bien public. N'avez-vous point mis sur les peuples de nouvelles charges pour soutenir vos dépenses superflues; le luxe de votre table, de vos équipages & de vos meubles; l'embellissement de vos jardins, & de vos maisons; les graces excessives que vous avez prodiguées à vos favoris?

DIRECTION XVIII.

N'avez-vous point multiplié les charges & les offices, pour

tirer de leur création de nouvelles ſommes ? De telles créations ne ſont que des impôts déguiſés : elles tournent toutes à l'oppreſſion des Peuples, & elles ont trois inconvéniens que les ſimples impôts n'ont pas. I. Elles ſont perpétuelles, dès qu'on n'en fait pas le rembourſement : & ſi on en fait le rembourſement, ce qui eſt ruineux pour vos Sujets, on recommence bien-tôt ces créations. II. Ceux qui achetent ces offices créés, veulent retrouver au plutôt leur argent avec uſure ; & vous leur livrez le peuple pour l'écorcher. Pour cent mille francs qu'on vous donnera, par exemple, ſur une création d'offices, il en coûtera aux peu ples cinq cens mille francs de vexations, qu'il ſouffrira ſans remede. III. Vous ruinez par ces multiplications d'offices, la bonne Police de l'État : vous rendez la Juſtice de plus en plus vénale; vous rendez la réforme de plus en plus impraticable : vous obérez toute la Nation ; car ces créations deviennent des eſpeces de dettes de la Nation entiere : enfin, vous réduiſez tous les arts & toutes les fonctions, à des monopoles qui gâtent & abâtardiſſent tout. N'avez-vous point à vous reprocher de telles créations, dont les ſuites ſeront pernicieuſes pendant pluſieurs ſiécles ? Le plus ſage & le meilleur de tous les Rois, dans un regne paiſible de cinquante ans, ne pourroit raccommoder ce qu'un Roi peut avoir fait de maux par ces ſortes de créations en dix ans de guerre. N'avez-vous pas été trop facile envers des Courtiſans, qui ſous prétexte d'épargner vos Finances dans les récompenſes qu'ils vous ont demandées, vous ont propoſé ce qu'on appelle des *affaires ?* Ces affaires ſont toujours des impôts déguiſés ſur le Peuple, qui troublent la Police, qui énervent la Juſtice, qui dégradent les Arts, qui gênent le Commerce, qui chargent le Public pour contenter en peu de tems l'avidité d'un Courtiſan faſtueux & prodigue. Renvoyez vos Courtiſans paſſer quelques années dans leurs Terres pour raccommoder leurs affaires. Apprenez-leur à vivre avec frugalité. Montrez-leur que vous n'eſtimez que ceux qui vivent avec regle & qui gouvernent bien leurs affaires. Témoignez du mépris pour ceux qui ſe ruinent follement. Par là vous leur ferez plus de bien, ſans qu'il en coûte un ſou, ni à vous, ni à vos peuples, que ſi vous leur prodiguiez tout le bien public.

DIRECTION XIX.

N'avez-vous jamais toléré &

voulu ignorer que vos Miniſtres aient pris le bien des particuliers pour votre uſage, ſans payer ſa juſte valeur, ou du moins retardant le payement du prix, enſorte que ce retardement ait porté dommage aux vendeurs forcés ? C'eſt ainſi, que des Miniſtres prennent des maiſons de particuliers, pour les enfermer dans les Palais des Rois, ou dans leurs Fortifications. C'eſt ainſi, qu'on dépoſſede les propriétaires de leurs Seigneuries, ou Fiefs, ou Héritages, pour les mettre dans des parcs. C'eſt ainſi, qu'on établit des Capitaineries de chaſſe, où les Capitaines, accrédités auprès du Prince, ôtent la chaſſe aux Seigneurs dans leurs propres Terres, jusqu'à la porte de leurs Châteaux, & font mille vexations au pays. Le Prince n'en sait rien, & peut-être n'en veut rien savoir. C'est à vous à savoir le mal qu'on fait par votre autorité : informez-vous de la vérité. Ne souffrez point qu'on pousse trop loin votre autorité : écoutez favorablement ceux qui vous en représentent les bornes : choisissez des Ministres, qui osent vous dire en quoi on la pousse trop loin : écartez les Ministres durs, hautains & entreprenans.

DIRECTION XX.

Dans les conventions que vous

faites avec les particuliers, êtes-vous juſte comme ſi vous étiez égal avec celui avec qui vous traitez ? Eſt-il libre avec vous comme avec un de ſes voiſins ? N'aime-t-il pas mieux ſouvent perdre, pour ſe racheter & pour ſe délivrer, que de ſoutenir ſon droit ? Vos Fermiers, vos Traitans, vos Intendans, &c. ne tranchent-ils pas avec une hauteur que vous n'auriez pas vous-même ; & n'étouffent-ils pas la voix du foible qui voudroit ſe plaindre ? Ne donnez-vous pas ſouvent à l'homme avec qui vous contractez, des dédommagemens en rentes, en engagemens ſur votre domaine, en charges de nouvelle création, qu'un coup de plume de votre ſucceſſeur peut lui retrancher ; parce que les Rois ſont toujours mineurs, & que leur domaine eſt inaliénable ? Ainſi on ôte aux particuliers leur patrimoine aſſuré, pour leur donner ce qui leur ſera ôté dans la ſuite, avec une ruine inévitable de leurs familles.

DIRECTION XXI.

N'avez-vous point accordé aux Traitans, pour hauſſer leurs Fermes, des Édits, ou Déclarations, ou Arrêts, avec des termes ambigus, pour étendre vos droits aux dépens du commerce, & même pour tendre des piéges aux marchands, & pour confiſquer leurs marchandiſes, ou du moins les fatiguer & les gêner dans leur commerce, afin qu'ils ſe rachettent par quelque ſomme? C'eſt faire tort aux marchands, & au public, dont on anéantit peu-à-peu par-là tout le négoce.

DIRECTION XXII.

N'avez-vous point toléré des enrôlemens qui ne fuſſent pas véritablement libres? Il eſt vrai que les peuples ſe doivent à la défenſe de l'État: mais les Princes ne doivent faire que des guerres juſtes, & abſolument néceſſaires: mais il faudroit qu'on choisît en chaque village les jeunes hommes libres, dont l'abſence ne nuiroit en rien, ni au labourage, ni au commerce, ni aux autres arts néceſſaires, & qui n'ont point de famille à nourrir : mais il faudroit une fidélité inviolable à leur donner leur congé après un petit nombre d'années de ſervice ; enſorte que d'autres vinſſent les relever & ſervir à leur tour. Mais laiſſer prendre des hommes ſans choix, & malgré eux ; faire languir & ſouvent périr toute une famille abandonnée par ſon chef; arracher le laboureur de ſa charrue, le tenir dix ou quinze ans dans le ſervice, où il périt ſouvent de miſere dans des Hôpitaux dépourvûs des ſecours néceſſaires ; c'eſt ce que rien ne peut excuſer, ni devant Dieu, ni devant les hommes.

DIRECTION XXIII.

Avez-vous eu ſoin de faire délivrer chaque galérien d'abord après le terme réglé par la Juſtice pour ſa punition. L'État de ces hommes eſt affreux : rien n'eſt plus inhumain, que de le prolonger au-delà du terme. Ne dites point, qu'on manqueroit d'hommes pour la Chiourme, ſi on obſervoit cette juſtice : la juſtice eſt préférable à la Chiourme. Il ne faut compter pour vraie & réelle puiſſance, que celle que vous avez ſans bleſſer la Juſtice, & ſans prendre ce qui n'eſt pas à vous.

DIRECTION XXIV.

Donnez-vous à vos troupes la paye néceſſaire pour vivre ſans piller ? Si vous ne le faites point, vous mettez vos troupes dans une néceſſité évidente de commettre les pillages & les violences, que vous faites ſemblant de leur défendre. Les punirez-vous, pour avoir fait ce que vous ſavez bien qu'ils ne peuvent pas s'empêcher de faire, & faute de quoi votre ſervice ſeroit néceſſairement d'abord abandonné ? D'un autre côté, ne les punirez-vous point, lorſqu'ils commettront publiquement des brigandages contre vos défenſes ? Rendrez-vous les Loix mépriſables, & ſouffrirez-vous qu'on ſe joue ſi indignement de votre autorité ? Serez-vous manifeſtement contraire à vous-même ; & votre autorité ne ſera-t-elle qu'un jeu trompeur, pour paroître réprimer les déſordres, & pour vous en ſervir à toute heure ? Quelle diſcipline & quel ordre y a-t-il à eſpérer dans des troupes, où les officiers ne peuvent vivre qu'en pillant les ſujets du Roi, qu'en violant à toute heure ſes ordonnances, qu'en prenant par force, & par tromperie, des hommes pour les enrôler ; & où les ſoldats mourroient de faim, s'ils ne méritoient pas tous les jours d'être pendus ?

DIRECTION XXV.

N'avez-vous point fait quelque injuſtice aux nations étrangeres ? On pend un pauvre malheureux, pour avoïr volé une piſtole ſur le grand chemin, dans ſon beſoin extrême : & on traite de Héros un homme qui fait la conquête, c'eſt-à-dire, qui ſubjugue injuſtement les pays d'un Etat voiſin. L'uſurpation d'un pré, ou d'une vigne, eſt regardée comme un péché irrémiſſible au jugement de Dieu, à moins qu'on ne reſtitue : & on compte pour rien l'uſurpation des Villes & des Provinces. Prendre un champ à un particulier eſt un grand péché : prendre un grand pays à une nation eſt une action innocente & glorieuſe. Où ſont donc les idées de juſtice ? Dieu jugera-t-il ainſi ? *Exiſtimaſti iniquè quod ero tui ſimilis ?* Doit-on moins être juſte en grand, qu'en petit ? La Juſtice n'eſt-elle plus Juſtice, quand il s'agit des plus grands intérêts ? Des millions d'hommes, qui compoſent une nation, ſont-ils moins nos freres, qu'un ſeul homme ? N'aura-t-on aucun ſcrupule de faire à des millions d'hommes pour un pays entier, l'injuſtice qu'on n'oseroit faire pour un pré à un homme seul ? Tout ce qui est pris par pure conquête est donc pris très-injustement, & doit être restitué. Tout ce qui est pris dans une guerre, entreprise sur un mauvais fondement, est de même. Les traités de paix ne couvrent rien, lorsque vous êtes le plus fort, & que vous réduisez vos voisins à signer le traité pour éviter de plus grands maux : alors ils signent comme un particulier donne sa bourse à un voleur qui lui tient le pistolet sur la gorge.

La guerre que vous avez commencée mal-à-propos, & que vous avez soutenue avec succès, loin de vous mettre en sûreté de conſcience, vous engage, non-ſeulement à la reſtitution des pays uſurpés, mais encore à la réparation de tous les dommages cauſés ſans raiſon à vos voiſins.

Pour les traités de paix, il faut les compter nuls, non-ſeulement dans les choſes injuſtes que la violence a fait paſſer, mais encore dans celles où vous pourriez avoir mêlé quelque artifice & quelque terme ambigu, pour vous en prévaloir dans les occaſions favorables. Votre ennemi eſt votre frere : vous ne pouvez l'oublier ſans oublier l'humanité. Il ne vous eſt jamais permis de lui faire du mal, quand vous pouvez l'éviter ſans vous nuire : & vous ne pouvez jamais chercher aucun avantage contre lui par les armes, que dans l'extrême néceſſité. Dans les traités, il ne s'agit plus d'armes ni de guerre : il ne s'agit que de paix, de juſtice, d'humanité & de bonne foi. Il eſt encore plus infame & plus criminel de tromper dans un traité de paix avec un peuple voiſin, que de tromper dans un contrat avec un particulier. Mettre dans un traité des termes ambigus & captieux, c'eſt préparer des ſemences de guerre pour l'avenir : c'eſt mettre des caques de poudre ſous les maiſons où l'on habite.

DIRECTION XXVI.

Quand il a été queſtion d'une guerre, avez-vous d'abord examiné, & fait examiner votre droit par les perſonnes les plus intelligentes & les moins flatteuſes pour vous ? Vous êtes-vous défié des conſeils de certains Miniſtres, qui ont intérêt de vous engager à la guerre, ou qui du moins cherchent à flatter vos paſſions, pour tirer de vous dequoi contenter les leurs : Avez-vous cherché toutes les raiſons qui pouvoient être contre vous ? Avez-vous écouté favorablement ceux qui les ont approfondies ? Vous êtes-vous donné le tems de ſavoir les ſentimens de tous vos plus ſages Conſeillers, ſans les prévenir ?

N'avez-vous point regardé votre gloire perſonnelle comme une raiſon d'entreprendre quelque choſe, de peur de paſſer votre vie ſans vous diſtinguer des autres Princes ? comme ſi les Princes pouvoient trouver quelque gloire ſolide à troubler le bonheur des Peuples, dont ils doivent être les peres ! comme ſi un pere de famille pouvoit être eſtimable par les actions qui rendent ſes enfans malheureux ! comme ſi un Roi avoit quelque gloire à eſpérer ailleurs que dans ſa vertu, c'eſt-à-dire, dans ſa

justice,

justice, & dans le bon gouvernement de son Peuple ! N'avez-vous point cru que la guerre étoit nécessaire, pour acquérir des Places qui étoient à votre bienséance, & qui feroient la sûreté de votre frontiere ? Étrange regle ! par les convenances, on ira de proche en proche jusqu'à la Chine.

Pour la sûreté d'une frontiere, on la peut trouver sans prendre le bien d'autrui. Fortifiez vos propres Places, & n'usurpez point celles de vos voisins. Voudriez-vous qu'un voisin vous prît tout ce qu'il croiroit commode pour sa sûreté ? Votre sûreté n'est point un titre de propriété sur le bien d'autrui. La vraie sûreté pour vous, c'eſt d'être juſte : c'eſt de conſerver de bons Alliés, par une conduite droite & modérée: c'eſt d'avoir un Peuple nombreux, bien nourri, bien affectionné & bien diſciplné. Mais qu'y a-t-il de plus contraire à votre sûreté, que de faire éprouver à vos voiſins qu'ils n'en peuvent jamais trouver aucune avec vous, & que vous êtes toujours prêt à prendre ſur eux tout ce qui vous accommode ?

DIRECTION XXVII.

Avez-vous bien examiné ſi la guerre dont il s'agiſſoit étoit néceſſaire à vos Peuples ? Peut-être ne s'agissoit-il que de quelque prétention, qui vous regardoit personnellement, vos Peuples n'y ayant aucun intérêt réel. Que leur importe que vous ayez une Province de plus ? Ils peuvent, par affection pour vous, si vous les traitez en pere, faire quelque effort pour vous aider à recueillir les successions d'État qui vous sont dûes légitimement; mais, pouvez-vous les accabler d'impôts malgré eux, pour trouver les fonds nécessaires à une guerre qui ne leur est utile en rien ? Bien plus, supposé même que cette guerre regarde précisément l'État, vous avez dû regarder si elle est plus utile que dommageable. Il faut comparer les fruits qu'on en peut tirer, ou du moins les maux qu'on pourroit craindre ſi on ne la faiſoit pas, avec les inconvéniens qu'elle entraînera après elle.

Toute compenſation exactement faite, il n'y a preſque point de guerre, même heureuſement terminée, qui ne faſſe beaucoup plus de mal que de bien à un État. On n'a qu'à conſidérer combien elle ruine de familles, combien elle fait périr d'hommes, combien elle ravage & dépeuple de Pays, combien elle dérégle un État, combien elle y renverſe les loix, combien elle autoriſe la licence, combien il faudroit d'années pour réparer ce que deux ans de guerre causent de maux contraires à la bonne politique dans un État. Tout homme sensé, & qui agiroit sans passion, entreprendroit-il le procès le mieux fondé selon les loix, s'il étoit assuré que ce Procès, même en le gagnant, feroit plus de mal que de bien à la nombreuse famille dont il est chargé?

Cette juste compensation des biens & des maux de la guerre détermineroit toujours un bon Roi à éviter la guerre, à cause de ses funestes suites : car, où sont les biens qui puissent contrebalancer tant de maux inévitables, sans parler des périls des mauvais ſuccès ? Il ne peut y avoir qu'un ſeul cas où la guerre, malgré tous ſes maux, devient néceſſaire. C'eſt le cas où l'on ne pourroit l'éviter qu'en donnant trop de priſe & d'avantage à un ennemi injuſte, artificieux, & trop puiſſant. Alors en voulant par foibleſſe éviter la guerre, on y tomberoit encore plus dangereuſement : on feroit une paix, qui ne ſeroit pas une paix, & qui n'en auroit que l'apparence trompeuſe. Alors, il faut malgré ſoi faire vigoureuſement la guerre, par le deſir ſincere d'une bonne & conſtante paix. Mais, ce cas unique eſt plus rare qu'on ne s'imagine : & ſouvent on le croit réel, qu'il eſt très-chimérique.

Quand un Roi eſt juſte, ſincere, inviolablement fidele à tous ſes Alliés, & puiſſant dans ſon pays par un ſage gouvernement, il a dequoi bien réprimer les voiſins inquiets & injuſtes, qui veulent l'attaquer. Il a l'amour de ſes peuples, & la confiance de ſes voiſins. Tout le monde eſt intéreſſé à le ſoutenir. Si ſa cauſe eſt juſte, il n'a qu'à prendre toutes les voies les plus douces, avant que de commencer la guerre. Il peut, étant déja puiſſamment armé, offrir de croire certains voiſins neutres & déſintéreſſés, prendre quelque choſe ſur lui pour la paix, éviter tout ce qui aigrit les esprits, & tenter toutes les voies d'accommodement. Si tout cela est inutile, & ne sert de rien, il en fera la guerre avec plus de confiance en la protection de Dieu, avec plus de zele de ses Sujets, avec plus de secours de ses Alliés; mais il arrivera très-rarement qu'il soit réduit à faire la guerre dans de telles circonstances. Les trois quarts des guerres ne s'engagent que par hauteur, par finesse, par avidité, par précipitation.

DIRECTION XXVIII.

Avez-vous été fidele à tenir parole à vos ennemis pour les capitulations, pour les cartels, &c? Il y a les loix de la guerre, qu'il ne faut pas moins religieusement garder, que celles de la paix. Lors même qu'on eſt en guerre, il reſte un certain Droit des Gens, qui eſt le fonds de l'humanité même. C'eſt un lien ſacré & inviolable entre les Peuples, que nulle guerre ne peut rompre; autrement la guerre ne ſeroit plus qu'un brigandage inhumain, qu'une ſuite perpétuelle de trahiſons, d'aſſaſſinats, d'abominations & de barbaries. Vous ne devez faire à vos ennemis, que ce que vous croyez qu'ils ont droit de vous faire. Il y a les violences & les ruſes de guerre, qui ſont réciproques, & auxquelles chacun s'attend. Pour tout le reſte, il faut une bonne-foi & une humanité entiere. Il n'eſt pas permis de rendre fraude pour fraude. Il n'eſt point permis, par exemple, de donner des paroles en vûe d'en manquer, parce qu'on vous en a donné auxquelles on a manqué enſuite.

D'ailleurs, pendant la guerre entre deux Nations indépendantes l'une de l'autre, la Couronne la plus noble ou la plus puiſſante, ne doit point ſe diſpenſer de ſubir avec égalité toutes les loix communes de la guerre. Un Prince qui joue avec un

Particulier, ne doit pas moins obſerver que lui toutes les loix du jeu : dès qu'il joue avec lui, il devient ſon égal, pour le jeu ſeulement. Le Prince le plus élevé & le plus puiſſant doit ſe piquer d'être le plus fidele à ſuivre toutes les regles pour les contributions qui mettent ſes peuples à couvert des captures, des maſſacres, des incendies ; pour les cartels, pour les capitulations, &c.

DIRECTION XXIX.

Il ne ſuffit pas de garder les capitulations à l'égard des ennemis : il faut encore les garder religieuſement à l'égard des Peuples conquis. Comme vous devez tenir parole à la Garniſon d'une ville priſe, & n'y faire aucune ſupercherie ſur des termes ambigus : tout de même, vous devez tenir parole au Peuple de cette ville & de ſes dépendances. Qu'importe à qui vous ayez promis des conditions pour ce Peuple ? Que ce ſoit à lui, ou à la Garniſon, tout cela eſt égal. Ce qui eſt certain, c'eſt que vous avez promis des conditions pour ce Peuple : c'eſt à vous à les garder inviolablement. Qui pourra ſe fier à vous, ſi vous y manquez ? qu'y aura-t-il de ſacré, ſi une promeſſe ſi ſolemnelle ne l'eſt pas ? C'eſt un contrat fait avec ces Peuples pour les rendre vos Sujets : commencerez-vous par violer votre titre fondamental ? Ils ne vous doivent obéiſſance, que ſuivant ce contrat ; &, ſi vous le violez, vous ne méritez plus qu'ils l'obſervent.

DIRECTION XXX.

Pendant la guerre, n'avez-vous point fait de maux inutiles à vos ennemis ? Ces ennemis ſont toujours hommes, & toujours vos freres. Si vous êtes vrai homme, vous ne devez leur faire que les maux que vous ne pouvez vous diſpenſer de leur faire, pour vous garantir de ceux qu'ils vous préparent, & pour les réduire à une juſte paix. N'avez-vous point inventé & introduit à pure perte, & par paſſion ou par hauteur, de nouveaux genres d'hoſtilités ? N'avez-vous point autoriſé des ravages, des incendies, des ſacriléges, des maſſacres, qui n'ont décidé de rien ; ſans leſquels vous pouviez défendre votre cauſe, & malgré leſquels vos ennemis ont également continué leurs efforts contre vous ? Vous devez rendre compte à Dieu, & réparer ſelon l'étendue de votre pouvoir, tous les maux que vous avez autoriſés, & qui ont été faits ſans néceſſité.

Direction XXXI.

Avez-vous exécuté ponctuellement les Traités de Paix ? Ne les avez-vous jamais violés ſous de beaux prétextes ? A l'égard des articles des anciens Traités de Paix qui ſont ambigus, au lieu d'en tirer des ſujets de guerre, il faut les interpréter par la pratique qui les a ſuivis immédiatement. Cette pratique immédiate eſt l'interprétation infaillible des paroles. Les Parties, immédiament après le Traité, s'entendoient elles-mêmes parfaitement: elles ſavoient mieux alors ce qu'elles avoient voulu dire, qu'on ne le peut ſavoir cinquante ans après. Ainſi la poſſeſſion eſt déciſive à cet égard-là ; & vouloir la troubler , c'eſt vouloir éluder ce qu'il y a de plus aſſuré & de plus inviolable dans le genre-humain. Pour donner quelque conſiſtance au monde , & quelque sûreté aux Nations , il faut ſuppoſer, par préférence à tout le reſte, deux points, qui ſont comme les deux Poles de la Terre entiere : l'un , que tout Traité de Paix, juré entre deux Princes, eſt inviolable à leur égard, & doit toujours être pris ſimplement dans ſon ſens le plus naturel, & interprété par l'exécution immédiate : l'autre , que toute poſſeſſion paiſible, & non interrompue,

rompue, depuis les tems que la Juriſprudence demande pour les preſcriptions les moins favorables, doit acquérir une propriété certaine & légitime à celui qui a cette poſſeſſion, quelque vice qu'elle ait pu avoir dans ſon origine. Sans ces deux regles fondamentales, point de repos, ni de sûreté dans tout le genre-humain. Les-avez-vous toujours ſuivies?

DIRECTION XXXII.

Avez-vous fait juſtice au mérite de tous les principaux Sujets que vous pouviez mettre dans les emplois? En ne faiſant pas juſtice aux Particuliers ſur leurs biens, comme ſur leurs terres, ſur leurs rentes, &c. vous n'avez fait tort qu'à ces Particuliers, & à leurs familles : mais, en ne comptant pour rien, dans le choix des hommes, ni la vertu, ni les talens, c'eſt à tout votre État que vous avez fait une injuſtice irréparable. Ceux que vous n'avez point choiſis pour les places, n'ont rien perdu d'effectif; parce que ces places n'auroient été pour eux, que des occaſions dangereuſes pour leur ſalut, & pour leur repos temporel : mais c'eſt tout votre Royaume que vous avez privé injuſtement d'un ſecours que Dieu lui avoit préparé. Les hommes d'un eſprit élevé,

& d'un cœur droit, sont plus rares qu'on ne sauroit le croire. Il faudroit les aller chercher jusqu'au bout du monde : *Procul, & de ultimis finibus pretium ejus*, comme le dit le Sage de la Femme forte. Pourquoi avez-vous privé l'État du secours de ces hommes supérieurs aux autres ? Votre devoir n'étoit-il pas de choisir, pour les premieres places, les premiers hommes ? N'étoit-ce pas-là votre principale fonction ? Un Roi ne fait pas la fonction de Roi, en réglant les détails que d'autres qui gouvernent sous lui pourroient régler. Sa fonction essentielle est de faire tout ce que nul autre que lui ne peut faire. C'eſt de bien choiſir ceux qui exercent ſon autorité ſous lui : c'eſt de mettre chacun dans la place qui lui convient ; & de faire tout dans l'État, non par lui-même, ce qui eſt impoſſible, mais en faiſant tout faire par des hommes qu'il choiſit, qu'il anime, & qu'il redreſſe. Voilà la véritable action de Roi. Avez-vous quitté tout le reſte, que d'autres peuvent faire ſous vous, pour vous appliquer à ce devoir eſſentiel, que vous ſeul pouvez remplir ? Avez-vous eu ſoin de jetter les yeux ſur un certain nombre de gens ſenſés, & bien intentionnés, par qui vous puiſſiez être averti de tous les Sujets de chaque profeſſion, qui s'élevent & qui ſe diſtinguent ? Les avez-vous queſtionnés tous ſéparément, pour voir ſi leurs témoignages ſur chaque Sujet ſeroient uniformes ? Avez-vous eu la patience d'examiner, par ces divers canaux, les ſentimens, les inclinations, les habitudes, la conduite de chaque homme que vous pouvez placer ? Avez-vous vû ces hommes vous-même ? Expédier des détails dans un cabinet où l'on ſe renferme ſans ceſſe, c'eſt dérober ſon plus précieux tems à l'État. Il faut qu'un Roi voie, parle, écoute beaucoup de gens ; qu'il apprenne par ſon expérience à étudier les hommes, qu'il les connoiſſe par un fréquent commerce, & par un accès libre.

Il y a deux manieres de les connoître. L'une eſt la converſation. Si vous étudiez bien les hommes, ſans paroître néanmoins les étudier, la converſation vous ſera beaucoup plus utile que beaucoup de travaux qu'on croiroit plus importans. Vous y remarquerez la légereté, l'indiſcrétion, la vanité, l'artifice des hommes; leurs flatteries, leurs fauſſes maximes. Les Princes ont un pouvoir infini ſur ceux qui les approchent: & ceux qui les approchent ont une foibleſſe infinie en les approchant. La vûe des Princes réveille toutes les paſſions, & r'ouvre toutes les plaies du cœur. Si un Prince ſait profiter de cet aſcendant, il ſentira bien-tôt les foibleſſes de chaque homme. L'autre maniere d'éprouver les hommes, eſt de les mettre dans les emplois ſubalternes, pour eſſayer s'ils ſeront propres aux emplois ſupérieurs. Suivez les hommes dans les emplois que vous leur confiez, ne les perdez jamais de vûe, ſachez ce qu'ils font, faites-leur rendre compte de ce que vous leur avez donné à faire. Voilà de quoi leur parler quand vous les voyez : jamais vous ne manquerez de ſujet de converſation. Vous verrez leur naturel, par les partis qu'ils ont pris d'eux-mêmes. Quelquefois, il eſt à propos de leur cacher vos ſentimens pour découvrir les leurs. Demandez-leur conſeil, & n'en prenez que ce qu'il vous plaira.

Telle eſt la vraie fonction d'un Roi. L'avez-vous remplie ? N'avez-vous point négligé de connoître les hommes par pareſſe d'eſprit, par une humeur qui vous rend particulier, par une hauteur qui vous éloigne de la Société, par des détails qui ne ſont que des vétilles en comparaiſon de l'étude des hommes, enfin par des amuſemens dans votre cabinet ſous prétexte de travail ſecret ? N'avez-vous point craint & écarté les Sujets forts & diſtingués des autres ? N'avez-vous pas craint qu'ils ne vous viſſent de trop près, & ne pénétraſſent trop dans vos foibleſſes, ſi vous les approchiez de votre perſonne ? N'avez-vous pas craint qu'ils ne vous flattaſſent pas, qu'ils ne contrediſſent vos paſſions injuſtes, vos mauvais goûts, vos motifs bas & indécens ? N'avez-vous pas mieux aimé vous ſervir de certains hommes intéreſſés & artificieux, qui vous flattent, qui font ſemblant de ne voir jamais vos défauts, & qui applaudiſſent à toutes vos fantaiſies ; ou bien de certains hommes médiocres & ſouples, que vous dominez aiſément, que vous eſpérez éblouir, qui n'ont jamais le courage de vous réſiſter, & qui vous gouvernent d'autant plus, que vous ne vous défiez point de leur autorité, & que vous ne craignez point qu'ils paroiſſent d'un génie ſupérieur au vôtre ? N'eſt-ce point par ces motifs ſi corrompus, que vous avez rempli les principales places d'hommes foibles ou dépravés ; & que vous avez laiſſé loin de vous tout ce qu'il y avoit de meilleur pour vous aider dans les grandes affaires ?

Prendre les terres, les charges, & l'argent d'autrui, n'eſt point une injuſtice comparable à celle que je viens d'expliquer.

DIRECTION XXXIII.

N'avez-vous point accoutumé vos domeſtiques à une dépenſe au-deſſus de leur condition, & à des récompenſes qui chargent l'État ? Vos valets de chambre, vos valets de garde-robe, &c. ne vivent-ils pas comme des Seigneurs, pendant que les vrais Seigneurs languiſſent dans votre anti-chambre ſans aucun bienfait ; & que beaucoup d'autres des plus illuſtres maiſons ſont dans le fond des Provinces, réduits à cacher leur misere ? N'avez-vous point autorisé, sous prétexte d'orner votre Cour, le luxe d'habits, de meubles, d'équipages & de maisons, de tous ces Officiers subalternes, qui n'ont ni naissance, ni mérite solide ; & qui se croyent au-dessus des gens de qualité, parce qu'ils vous parlent familierement, & qu'ils obtiennent facilement des graces ? Ne craignez-vous pas trop leur importunité ? N'avez-vous point craint de les fâcher, plus que de manquer à la justice ? N'avez-vous pas été trop sensible aux vaines marques de zele & d'attachement tendre pour votre personne, qu'ils s'empressent de vous témoigner pour vous plaire, & pour avancer leur fortune ? Ne les avez-vous pas rendus malheureux, en leur laiſſant concevoir des eſpérances diſproportionnées à leur état, & à votre affection pour eux ? N'avez-vous pas ruiné leurs familles, en les laiſſant mourir ſans récompenſe ſolide qui reſte à leurs enfans, après que vous les avez laiſſé vivre dans un faſte ridicule, qui a conſumé les grands bienfaits qu'ils ont reçus de vous pendant leur vie ? N'en a-t-il pas été de même des autres courtiſans, chacun ſelon ſon dégré ? Ils ſucent pendant qu'ils vivent, le Royaume entier : en quelque tems qu'ils meurent, ils laiſſent leurs familles ruinées. Vous leur donnez trop, & vous leur faites encore plus dépenſer. Ainſi ceux qui ruinent l'État, ſe ruinent eux-mêmes. C'eſt vous qui en êtes cauſe, en aſſemblant autour de vous tant d'hommes inutiles, faſtueux, diſſipateurs, & qui ſe font de leurs plus folles diſſipations un titre auprès de vous, pour vous demander de nouveaux biens qu'ils puiſſent encore diſſiper.

DIRECTION XXXIV.

N'avez-vous point pris des préventions contre quelqu'un, ſans avoir jamais examiné les faits?

C'eſt ouvrir la porte à la calomnie & aux faux rapports, ou du moins prendre témérairement les préventions des gens qui vous approchent, & en qui vous vous confiez. Il n'eſt point permis de n'écouter & de ne croire qu'un certain nombre de gens. Ils ſont certainement hommes : & quand même ils ſeroient incorruptibles, du moins ils ne ſont pas infaillibles. Quelque confiance que vous ayez en leurs lumieres & en leur vertu, vous êtes obligé d'examiner s'ils ne ſont point trompés par d'autres, & s'ils ne s'entêtent point. Toutes les fois que vous vous livrez à un certain nombre de perſonnes qui ſont liées enſemble par les mêmes intérêts ou par les mêmes ſentimens, vous vous expoſez volontairement à être trompé, & à faire des injuſtices. N'avez-vous point quelquefois fermé les yeux à certaines raiſons fortes, ou du moins n'avez-vous pas pris certains partis rigoureux, dans le doute, pour contenter ceux qui vous environnent & que vous craignez de fâcher ? N'avez-vous pas pris le parti, ſur des rapports incertains, d'écarter des emplois des gens qui ont des talens & un mérite diſtingué ? On dit en ſoi-même : *il n'eſt pas poſſible d'éclaircir ces accuſations ; le plus sûr eſt d'éloigner des emplois cet homme.*

Mais

Mais cette prétendue précaution eſt le plus dangereux de tous les piéges. Par-là on n'approfondit rien, & on donne aux rapporteurs tout ce qu'ils prétendent. On juge le fond ſans examiner ; car on exclut le mérite, & on ſe laiſſe effaroucher contre toutes les perſonnes que les rapporteurs veulent rendre ſuſpectes. Qui dit un rapporteur, dit un homme qui s'offre pour faire ce métier, qui s'inſinue par cet horrible métier, & qui par conſéquent eſt manifeſtement indigne de toute créance. Le croire, c'eſt vouloir s'expoſer à égorger l'innocent. Un Prince qui prête l'oreille aux rapporteurs de profeſſion, ne mérite de connoître ni la vérité, ni la vertu. Il faut chaſſer & confondre ces peſtes de Cour. Mais, comme il faut être averti, le Prince doit avoir d'honnêtes gens, qu'il oblige malgré eux à veiller, à obſerver, à ſavoir ce qui ſe paſſe, & à l'en avertir ſecrétement. Il doit choiſir, pour cette fonction, les gens à qui elle répugne davantage, & qui ont le plus d'horreur pour le métier infame de rapporter. Ceux-ci ne l'avertiront que des faits véritables & importans : ils ne lui diront point toutes les bagatelles qu'il doit ignorer, & ſur leſquelles il doit être commode au Public. Du moins, ils ne lui donneront les choſes douteuſes que comme douteuſes : & ce ſera à lui à les approfondir, ou à ſuſpendre ſon jugement, ſi elles ne peuvent être éclaircies.

DIRECTION XXXV.

N'avez-vous point trop répandu de bienfaits ſur vos Miniſtres, ſur vos Favoris, & ſur leurs créatures, pendant que vous avez laiſſé languir dans le beſoin des perſonnes de mérite, qui ont long-tems ſervi, & qui manquent de protection ? D'ordinaire le grand défaut des Princes eſt d'être foibles, mous & inappliqués. Ils ne ſont preſque jamais déterminés par le mérite, ni par les vrais défauts des gens. Le fond des choſes n'eſt pas ce qui les touche : leur déciſion, d'ordinaire, vient de ce qu'ils n'oſent refuſer ceux qu'ils ont l'habitude de voir & de croire. Souvent ils les ſouffrent avec impatience, & ne laiſſent pourtant pas de demeurer ſubjugués. Ils voyent les défauts de ces gens-là, & ſe contentent de les voir. Ils ſe ſavent bon gré de n'en être pas les dupes ; après quoi, ils les ſuivent aveuglément. Ils leur ſacrifient le mérite, l'innocence, les talens diſtingués, & les plus longs ſervices. Quelquefois ils écouteront favorablement un homme qui oſera leur parler contre ces Miniſtres, ou ces Favoris, & ils verront des faits clairement vérifiés. Alors ils gronderont, & feront entendre à ceux qui auront oſé parler, qu'ils ſeront ſoutenus contre le Miniſtre, ou contre le Favori. Mais bien-tôt le Prince ſe laſſe de protéger celui qui ne tient qu'à lui ſeul. Cette protection lui coûte trop dans le détail : & de peur de voir un viſage mécontent dans la perſonne du Miniſtre, l'honnête-homme par qui l'on avoit appris la vérité, ſera abandonné à ſon indignation. Après cela, méritez-vous d'être averti ? Pouvez-vous eſpérer de l'être ? Quel est l'homme sage, qui osera aller droit à vous, sans passer par le Ministre, dont la jalousie est implacable ? Ne méritez-vous pas de ne plus voir que par ses yeux ? N'êtes-vous pas livré à ses passions les plus injustes, & à ses préventions les plus déraisonnables ? Vous laissez-vous quelque remede contre un si grand mal ?

DIRECTION XXXVI.

Ne vous laissez-vous point éblouir par certains hommes, vains, hardis, & qui ont l'art de se faire valoir ; pendant que vous négligez & laissez loin de vous le mérite simple, modeste, timide & caché ? Un Prince montre la groſſiereté de ſon goût, lorſqu'il ne ſait pas diſcerner combien ces eſprits ſi hardis, & qui ont l'art d'impoſer, ſont ſuperficiels, & pleins de défauts mépriſables. Un Prince ſage & pénétrant n'eſtime, ni les eſprits évaporés, ni les grands parleurs, ni ceux qui décident d'un ton de confiance, ni les critiques dédaigneux, ni les moqueurs qui tournent tout en plaiſanterie. Il mépriſe ceux qui trouvent tout facile, qui applaudiſſent à tout ce qu'il veut, qui ne conſultent que ſes yeux, ou le ton de ſa voix, pour deviner ſa penſée, & pour l'approuver. Il recule, loin des emplois de confiance, ces hommes qui n'ont que des dehors ſans fond. Au contraire, il cherche, il prévient, il attire à ſoi les perſonnes judicieuſes & ſolides qui n'ont aucun empreſſement, qui ſe défient d'elles-mêmes, qui craignent les emplois, qui promettent peu & qui tâchent de faire beaucoup, qui ne parlent guere & qui penſent toujours, qui parlent d'un ton douteux, & qui ſavent contredire avec reſpect.

De tels ſujets demeurent ſouvent obſcurs dans les places inférieures, pendant que les premieres ſont occupées par des hommes groſſiers & hardis, qui ont imposé au Prince, & qui ne servent qu'à montrer combien il manque de discernement. Tandis que vous négligerez de chercher le mérite caché, & de réprimer les gens empressés & dépourvus de qualités solides, vous serez responsable devant Dieu de toutes les fautes qui seront faites par ceux qui agiront sous vous. Le métier d'adroit courtisan perd tout dans un État. Les esprits les plus bornés & les plus corrompus, sont souvent ceux qui apprennent le mieux cet indigne métier. Ce métier gâte tous les autres : le Médecin néglige la médecine : le Prélat oublie les devoirs de son ministere ; le Général d'armée ſonge bien plus à faire ſa cour, qu'à défendre l'État : l'Ambaſſadeur négocie bien plus pour ſes propres intérêts à la Cour de ſon Maître, qu'il ne négocie pour les intérêts de ſon Maître à la Cour où il eſt envoyé. L'art de faire ſa cour gâte les Hommes de toutes les profeſſions, & étouffe le vrai mérite.

Rabaiſſez donc ces hommes, dont tout le talent ne conſiſte qu'à plaire, qu'à flatter, qu'à éblouir, qu'à s'inſinuer pour faire fortune. Si vous y manquez, vous remplirez indignement vos places, & le vrai mérite demeurera toujours en arriere. Votre devoir eſt de reculer ceux qui s'avancent trop, & d'avancer ceux qui demeurent reculés en faiſant leur devoir.

DIRECTION XXXVII. ET DERNIERE.

N'avez-vous point entaſſé trop d'emplois ſur la tête d'un ſeul homme, ſoit pour contenter ſon ambition, ſoit pour vous épargner la peine d'avoir beaucoup de gens à qui vous ſoyez obligé de parler? Dès qu'un homme eſt l'homme à la mode, on lui donne tout, on voudroit qu'il fît lui ſeul toutes choſes. Ce n'eſt pas qu'on l'aime; car on n'aime rien: ce n'eſt pas qu'on s'y fie; car on ſe défie de la probité de tout le monde : ce n'eſt pas qu'on le trouve parfait ; car on eſt ravi de le critiquer ſouvent : mais c'eſt qu'on eſt pareſſeux & ſauvage. On ne veut point avoir à compter avec tant de gens. Pour en voir moins, & pour n'être point obſervé de près par tant de perſonnes, on fera faire à un ſeul homme ce que quatre auroient grand'peine à bien faire. Le public en ſouffre, les expéditions languiſſent, les ſurpriſes & les injuſtices ſont plus fréquentes & plus irrémédiables. L'homme eſt accablé, & ſeroit bien fâché de ne l'être pas. Il n'a le tems ni de penſer, ni d'approfondir, ni de faire des plans, ni d'étudier les hommes dont il se sert : il est toujours entraîné au jour la journée, par un torrent de détails à expédier.

D'ailleurs cette multitude d'emplois sur une seule tête, souvent assez foible, exclut tous les meilleurs sujets qui pourroient se former, & faire de grandes choses. Tout talent demeure étouffé. La paresse du Prince en est la vraie cause. Les plus petites raisons décident sur les plus grandes affaires. De-là naissent des injustices innombrables. *Pauca de te*, disoit Saint Augustin au Comte Boniface, *sed multa propter te.* Peut-être ferez-vous peu de mal par vous-même ; mais il s'en fera d'infinis par votre autorité miſe en mauvaiſes mains.

SUPPLÉMENT

OU ADDITION

AUX DIRECTIONS

XXV.—XXX,

Concernant en particulier, non-ſeulement le droit légitime, mais même la néceſſité indiſpenſable de former des alliances, tant offenſives que défenſives, contre une Puiſſance ſupérieure, juſtement redoutable aux autres, & tendant manifeſtement à la Monarchie Univerſelle.

LES États voiſins les uns des autres ne ſont pas ſeulement obligés à ſe traiter mutuellement ſelon les regles de la justice & de la bonne foi : mais ils doivent encore, pour leur sûreté particuliere, autant que pour l'intérêt commun, faire une espece de société & de République générale.

Il faut compter qu'à la longue, la plus grande Puissance prévaut toujours, & renverse les autres, si les autres ne se réunissent point pour faire le contre-poids. Il n'est pas permis d'espérer parmi les hommes, qu'une Puissance supérieure demeure dans les bornes d'une exacte modération ; & qu'elle ne veuille dans sa force, que ce qu'elle pourroit obtenir dans sa plus grande foiblesse. Quand même un Prince seroit

assez

aſſez parfait pour faire un uſage ſi merveilleux de ſa proſpérité, cette merveille finiroit avec ſon regne. L'ambition naturelle des Souverains, les flatteries de leurs Conſeillers, & la prévention des Nations entieres, ne permettent pas de croire qu'une Nation, qui peut ſubjuguer les autres, s'en abſtienne pendant des ſiecles entiers. Un regne où éclateroit une juſtice ſi extraordinaire, ſeroit l'ornement de l'hiſtoire, & un prodige qu'on ne peut plus revoir.

Il faut donc compter ſur ce qui eſt réel & journalier; qui eſt, que chaque Nation cherche à prévaloir ſur toutes les autres qui l'environnent. Chaque Nation eſt donc obligée à veiller ſans ceſſe pour prévenir l'exceſſif aggrandiſſement de chaque voiſin pour ſa ſûreté propre. Empêcher le voiſin d'être trop puiſſant, ce n'eſt point faire un mal; c'eſt ſe garantir de la ſervitude, & en garantir ſes autres voiſins. En un mot, c'eſt travailler à la liberté, à la tranquillité, au ſalut public : car l'aggrandiſſement d'une Nation au-delà d'une certaine borne, change le ſyſtême général de toutes les Nations qui ont rapport à celle-là. Par exemple, toutes les ſucceſſions qui ſont entrées dans la maiſon de Bourgogne, puis celles qui ont élevé la maiſon d'Autriche, ont changé la face de toute l'Europe. Toute l'Europe a dû craindre la Monarchie univerſelle ſous CHARLES-QUINT, ſur-tout après que FRANÇOIS I eut été défait & pris à Pavie. Il eſt certain, qu'une Nation qui n'avoit rien à démêler directement avec l'Eſpagne, ne laiſſoit pas alors d'être en droit, pour la liberté publique, de prévenir cette Puiſſance rapide, qui ſembloit prête à tout engloutir.

Les particuliers ne ſont pas en droit de s'oppoſer de même à l'accroiſſement des richeſſes de leurs voiſins; parce qu'on doit ſuppoſer que cet accroiſſement d'autrui ne peut être leur ruine. Il y a des Loix écrites & des Magiſtrats pour réprimer les injuſtices & les violences entre les familles inégales en biens : mais pour les États, ils ne ſont pas de même. Le trop grand accroiſſement d'un ſeul peut cauſer la ruine & la ſervitude de tous les autres qui ſont ſes voiſins : il n'y a ni Loix écrites, ni Juges établis pour ſervir de barriere contre les invaſions du plus puiſſant. On eſt toujours en droit de ſuppoſer que le plus puiſſant, à la longue, ſe prévaudra de ſa force, quand il n'y aura plus d'autre force à-peu-près égale qui puiſſe l'arrêter. Ainſi, chaque

Prince eſt en droit & en obligation de prévenir dans ſon voiſin cet accroiſſement de puiſſance qui jetteroit ſon peuple & tous les autres peuples voiſins, dans un danger prochain de ſervitude ſans reſſource.

Par exemple, PHILIPPE II Roi d'Eſpagne, après avoir conquis le Portugal, veut ſe rendre maître de l'Angleterre. Je ſai bien que ſon droit étoit mal fondé; car il n'en avoit que par la Reine MARIE ſa femme, morte ſans enfans. ÉLISABETH, illégitime, ne devoit point régner. La Couronne appartenoit à MARIE STUART & à ſon fils. Mais enfin, ſuppoſé que le droit de PHILIPPE

II eût été inconteſtable, l'Europe entiere auroit eu raiſon néanmoins de s'oppoſer à ſon établiſſement en Angleterre ; car ce Royaume ſi puiſſant, ajouté à ſes États d'Eſpagne, d'Italie, de Flandres, des Indes Orientales & Occidentales, le mettoit en état de faire la loi, ſur-tout par ſes forces maritimes, à toutes les autres Puiſſances de la Chrétienté. Alors *ſummum Jus, ſumma injuria.* Un droit particulier de ſucceſſion ou de donation, devoit céder à la loi naturelle de la ſûreté de tant de Nations. En un mot, tout ce qui renverſe l'équilibre, & qui donne le coup déciſif pour la Monarchie universelle, ne peut être juste, quand même il seroit fondé sur des loix écrites dans un pays particulier. La raison en est, que ces loix écrites chez un peuple, ne peuvent prévaloir sur la loi naturelle de la liberté & de la sûreté commune, gravée dans le cœur de tous les autres Peuples du monde. Quand une Puissance monte à un point que toutes les autres Puissances voisines ensemble ne peuvent plus lui résister, toutes ces autres sont en droit de se liguer pour prévenir cet accroissement, après lequel il ne seroit plus tems de défendre la liberté commune. Mais pour faire légitimement ces fortes de ligues qui tendent à prévenir un trop grand accroiſſement d'un État, il faut que le cas ſoit véritable & preſſant : il faut ſe contenter d'une ligue défenſive, ou du moins ne la faire offenſive qu'autant que la juſte & néceſſaire défenſe ſe trouvera renfermée dans les deſſeins d'une aggreſſion. Encore même faut-il toujours dans les traités de ligues offenſives, poſer des bornes préciſes, pour ne détruire jamais une Puiſſance, ſous prétexte de la modérer.

Cette attention à maintenir une eſpece d'égalité & d'équilibre entre les Nations voiſines, eſt ce qui en aſſure le repos commun. A cet égard, toutes les Nations voiſines, & liées par le commerce, font un grand corps, & une eſpece de communauté. Par exemple, la Chrétienté fait une eſpece de République générale, qui a ſes intérêts, ſes craintes, ſes précautions à obſerver. Tous les membres qui compoſent ce grand corps, ſe doivent les uns aux autres pour le bien commun, & ſe doivent encore à eux-mêmes pour la ſûreté de la Patrie, de prévenir tout progrès de quelqu'un des membres qui renverſeroit l'équilibre, & qui ſe tourneroit à la ruine inévitable de tous les autres membres du même corps. Tout ce qui change ou altere ce ſyſtême général de l'Europe eſt trop dangereux, & traîne après ſoi des maux infinis.

Toutes les Nations voiſines ſont tellement liées par leurs intérêts les unes aux autres, & au gros de l'Europe, que les moindres progrès particuliers peuvent altérer ce ſyſtême général, qui fait l'équilibre, & qui peut ſeul faire la sûreté publique. Otez une pierre d'une voûte, tout l'édifice tombe, parce que toutes les pierres ſe ſoutiennent en ſe contrepouſſant.

L'Humanité met donc un devoir mutuel de défenſe du ſalut commun entre les Nations voiſines, contre un Etat voisin qui devient trop puissant; comme il y a des devoirs mutuels entre les concitoyens pour la liberté de la Patrie. Si le citoyen doit beaucoup à sa Patrie dont il est membre, chaque Nation doit à plus forte raison bien davantage au repos & au salut de la République universelle dont elle est membre, & dans laquelle sont renfermées toutes les Patries des particuliers.

Les ligues défensives sont donc justes & nécessaires quand il s'agit véritablement de prévenir une trop grande Puissance qui seroit en état de tout envahir. Cette Puissance supérieure n'est donc pas en droit de rompre la paix avec les autres États inférieurs, précisément à cause de leur ligue défensive; car ils sont en droit & en obligation de la faire.

Pour une ligue offensive, elle dépend des circonstances. Il faut qu'elle soit fondée sur des infractions de paix, ou sur la détention de quelque pays des Alliés, ou sur la certitude de quelque autre fondement semblable. Encore même faut-il toujours, comme je l'ai déja dit, borner de tels traités à des conditions qui empêchent ce qu'on voit souvent; c'est qu'une Nation se sert de la nécessité d'en rabattre une autre qui aspire à la tyrannie universelle, pour y aspirer elle-même à son tour. L'habileté, aussi-bien que la justice & la bonne-foi, en faisant des traités d'alliance, est de les faire très-précis, très-éloignés de toutes équivoques, & exactement bornés à un certain bien que vous en voulez tirer prochainement. Si vous n'y prenez garde, les engagemens que vous prenez se tourneront contre vous, en abbattant trop vos ennemis, & en élevant trop votre Allié. Il vous faudra, ou souffrir ce qui vous détruit, ou manquer à votre parole; choses presque également funestes.

Continuons à raisonner sur ces

principes, en prenant l'exemple particulier de la Chrétienté, qui est le plus sensible pour nous.

Il n'y a que quatre sortes de systêmes. Le premier est d'être absolument supérieur à toutes les autres Puissances, même réunies : c'est l'État des Romains, & celui de CHARLEMAGNE. Le second est d'être dans la Chrétienté la Puissance supérieure aux autres, qui font néanmoins à-peu-près le contre-poids, en se réunissant. Le troisieme est d'être une Puissance inférieure à une autre, mais qui se soutient par son union avec tous les voisins, contre cette Puissance prédominante. Enfin, le quatrieme eſt d'une Puiſſance à-peu près égale à une autre, qui tient tout en paix par cette eſpece d'équilibre qu'elle garde ſans ambition, & de bonne-foi.

L'État des Romains & de CHARLEMAGNE n'eſt point un État qu'il vous ſoit permis de deſirer. I. Parce que pour y arriver, il faut commettre toutes ſortes d'injuſtices & de violences : il faut prendre ce qui n'eſt point à vous, & le prendre par des guerres abominables dans leur durée & dans leur étendue. II. Ce deſſein eſt très-dangereux : ſouvent les États périſſent par ces folles ambitions. III. Ces Empires immenſes, qui ont fait tant de maux en ſe formant, en font bien-tôt après d'autres encore plus effroyables, en tombant par terre. La premiere minorité, ou le premier regne foible, ébranle les trop grandes maſſes, & ſépare des peuples, qui ne ſont encore accoutumés ni au joug, ni à l'union mutuelle. Alors, quelles diviſions, quelles confuſions, quelles anarchies irrémédiables! On n'a qu'à ſe ſouvenir des maux qu'on faits en Occident la chûte ſi prompte de l'Empire de CHARLEMAGNE; & en Orient le renverſement de celui d'ALEXANDRE, dont les Capitaines firent encore plus de maux pour partager

ger ſes dépouilles, qu'il n'en avoit fait lui-même en ravageant l'Aſie. Voilà donc le ſyſtême le plus éblouiſſant, le plus flatteur & le plus funeſte, pour ceux mêmes qui viennent à bout de l'exécuter.

Le ſecond ſyſtême eſt d'une Puiſſance ſupérieure à toutes les autres, qui font contre elle à-peu-près l'équilibre. Cette Puiſſance ſupérieure a l'avantage contre les autres d'être toute réunie, toute ſimple, toute abſolue dans ſes ordres, toute certaine dans ſes meſures. Mais à la longue, ſi elle ne ceſſe de réunir contre elle les autres, en en excitant la jalouſie, il faut qu'elle ſuccombe. Elle s'épuiſe, elle eſt expoſée à beaucoup d'accidens internes & imprévûs, ou les attaques du dehors peuvent la renverſer ſoudainement. De plus, elle s'uſe pour rien, & fait des efforts ruineux pour une ſupériorité qui ne lui donne rien d'effectif, & qui l'expoſe à toutes ſortes de deshonneurs & de dangers. De tous les États, c'eſt certainement le plus mauvais : d'autant plus qu'il ne peut jamais aboutir, dans ſa plus étonnante proſpérité, qu'à paſſer dans le premier ſyſtême, que nous avons déja reconnu injuſte & pernicieux.

Le troiſieme ſyſtême eſt d'une

Puiſſance inférieure à une autre, mais en ſorte que l'inférieure, unie au reſte de l'Europe, fait l'équilibre contre la ſupérieure, & la sûreté de tous les autres moindres États. Ce ſyſtême a ſes incommodités & ſes inconvéniens : mais il riſque moins que le précédent, parce qu'on eſt ſur la défenſive, qu'on s'épuiſe moins, qu'on a des Alliés, & qu'on n'eſt point d'ordinaire en cet état d'infériorité, dans l'aveuglement & dans la préſomption inſenſée qui menace de ruine ceux qui prévalent. On voit preſque toujours, qu'avec un peu de tems, ceux qui avoient prévalu, s'uſent & commencent à décheoir. Pourvu que cet État inférieur ſoit ſage, modéré, ferme dans ſes alliances, précautionné pour ne leur donner aucun ombrage, & pour ne rien faire que par leur avis pour l'intérêt commun, il occupe cette Puiſſance ſupérieure juſqu'à ce qu'elle baiſſe.

Le quatrieme ſyſtême eſt d'une Puiſſance à peu près égale à une autre, avec laquelle elle fait l'équilibre pour la ſûreté publique. Être dans cet état, & n'en vouloir point ſortir par ambition, c'eſt l'état le plus ſage & le plus heureux. Vous êtes l'arbitre commun. Tous vos voiſins ſont vos amis : du moins, ceux qui ne le ſont pas, ſe rendent par-là ſuſpects à tous les autres. Vous ne faites rien, qui ne paroiſſe fait pour vos voiſins auſſi-bien que pour vos peuples. Vous vous fortifiez tous les jours. Et ſi vous parvenez, comme cela eſt preſque infaillible à la longue, par un ſage Gouvernement, à avoir plus de forces intérieures, & plus d'Alliances au-dehors que la Puiſſance jalouſe de la vôtre; alors il faut s'affermir de plus en plus dans cette ſage modération, qui vous borne à entretenir l'équilibre & la sûreté commune. Il faut toujours ſe ſouvenir des maux que coûtent au-dedans & au-dehors de ſon État les grandes conquêtes ; qu'elles ſont ſans fruit, & du riſque qu'il y a à les entreprendre ; enfin de la vanité, de l'inutilité, du peu de durée des grands Empires, & des ravages qu'ils cauſent en tombant.

Mais comme il n'eſt pas permis d'eſpérer qu'une Puiſſance ſupérieure à toutes les autres, demeure long-tems ſans abuſer de cette ſupériorité, un Prince bien ſage & bien juſte, ne doit jamais ſouhaiter de laiſſer à ſes Succeſſeurs, qui ſeront, ſelon toutes les apparences, moins modérés que lui, cette continuelle & violente tentation d'une ſupériorité trop déclarée. Pour le bien même de ſes Succeſſeurs & de ſes Peuples, il doit ſe borner à une eſpece d'égalité. Il eſt vrai qu'il y a deux ſortes de ſupériorités; l'une extérieure, qui conſiſte en étendue de terres, en places fortifiées, en paſſages pour entrer dans les terres de ſes voiſins, &c. Celle-là ne fait que cauſer des tentations, auſſi funeſtes à ſoi-même qu'à ſes voiſins; qu'exciter la haine, la jalouſie, & les ligues. L'autre eſt intérieure & ſolide; elle conſiſte dans un peuple plus nombreux, mieux diſcipliné, plus appliqué à la culture des terres & aux Arts néceſſaires. Cette ſupériorité, d'ordinaire, eſt facile à acquérir, ſûre, à l'abri de l'envie & des ligues ; plus propre même que les conquêtes, & que les places fortes, à rendre un peuple invincible. On ne sauroit donc trop chercher cette seconde supériorité, ni trop éviter la premiere, qui n'a qu'un faux éclat.

AUTRE
SUPPLÉMENT,

Contenant diverſes maximes de ſaine Politique & de ſage Adminiſtration; tirées, tant des autres Écrits de M. de Cambray, que de ſes ſimples converſations.

TOUTES les Nations de la terre ne ſont que les différentes familles d'une même République, dont Dieu eſt le Pere commun. La loi naturelle & univerſelle, ſelon laquelle il veut que chaque famille ſoit gouvernée, eſt de préférer le bien public à l'intérêt particulier.

Si les hommes ſuivoient exactement cette loi naturelle, chacun feroit, & par raiſon & par amitié, ce qu'il ne fait à préſent que par crainte ou par intérêt. Mais les paſſions, malheureuſement, nous aveuglent, nous corrompent, & nous empêchent ainſi de connoître & d'aimer cette grande & ſage loi. Il a fallu l'expliquer & la faire exécuter par des loix civiles; &, par conſéquent, établir une autorité ſuprême, qui jugeât en dernier reſſort, & à laquelle tous les hommes puſſent avoir recours, comme à la ſource de l'unité politique & de l'ordre civil. Autrement, il y auroit autant de gouvernemens arbitraires, qu'il y a de têtes.

L'amour du peuple, le bien public, l'intérêt général de la Société, eſt donc la loi immuable & univerſelle des Souverains. Cette loi eſt antérieure à tout Contrat : elle eſt fondée ſur la nature même : elle eſt la ſource & la regle sûre de toutes les autres loix. Celui qui gouverne, doit être le premier & le plus obéiſſant à cette loi primitive. Il peut tout ſur les Peuples : mais cette loi doit pouvoir tout ſur lui. Le Pere commun de la grande famille ne lui a confié ſes enfans que pour les rendre heureux. Il veut qu'un ſeul homme ſerve par ſa ſageſſe à la félicité de tant d'hommes ; & non que tant d'hommes ſervent, par leur miſere, à flatter l'orgueil d'un ſeul. Ce n'eſt point pour lui-même que Dieu l'a fait Roi. Il ne l'eſt que pour être l'Homme des Peuples : & il n'eſt digne de la Royauté, qu'autant qu'il s'oublie réellement lui-même pour le bien public.

Le deſpotiſme tyrannique des Souverains eſt un attentat ſur les droits de la fraternité humaine. C'eſt renverſer la grande & ſage loi de la Nature, dont ils ne doivent être que les conſervateurs. Le deſpotiſme de la multitude eſt une puiſſance folle

& aveugle, qui se forcene contre elle-même. Un Peuple, gâté par une liberté excessive, est le plus insupportable de tous les tyrans. La sagesse de tout gouvernement, quel qu'il soit, consiste à trouver le juste milieu entre ces deux extrémités affreuses, dans une liberté modérée par la seule autorité des loix. Mais les hommes, aveugles & ennemis d'eux-mêmes, ne sauroient se borner à ce juste milieu.

Triste état de la nature humaine ! Les Souverains, jaloux de leur autorité, veulent toujours l'étendre. Les Peuples, passionnés pour leur liberté, veulent toujours l'augmenter. Il vaut mieux cependant souffrir, pour l'amour de l'ordre, les maux inévitables dans tous les États, même les plus réglés, que de secouer le joug de toute autorité, en se livrant sans cesse aux fureurs de la multitude, qui agit sans regle & sans loi. Quand l'autorité Souveraine est donc une fois fixée par les loix fondamentales, dans un seul, dans peu, ou dans plusieurs, il faut en supporter les abus, si l'on ne peut y remédier par des voies compatibles avec l'ordre.

Toutes ces sortes de gouvernemens sont nécessairement imparfaits, puisqu'on ne peut confier l'autorité suprême qu'à des hommes. Et toutes ſortes de gouvernement ſont bonnes, quand ceux qui gouvernent ſuivent la grande loi du bien public. Dans la théorie, certaines formes paroiſſent meilleures que d'autres : mais dans la pratique, la foibleſſe ou la corruption des hommes, ſujets aux mêmes paſſions, expoſent tous les États à des inconvéniens à-peu-près égaux. Deux ou trois hommes entraînent toujours le Monarque ou le Sénat.

On ne trouvera donc pas le bonheur de la Société humaine, en changeant & en bouleverſant les formes déja établies : mais en inſpirant aux Souverains, que la sûreté de leur Empire dépend du bonheur de leurs Sujets; & aux Peuples que leur ſolide & vrai bonheur demande la ſubordination. La liberté ſans ordre eſt un libertinage qui attire le deſpotiſme. L'ordre ſans la liberté eſt un eſclavage qui ſe perd dans l'anarchie.

D'un côté, on doit apprendre aux Princes que le pouvoir ſans bornes eſt une frénéſie qui ruine leur propre autorité. Quand les Souverains s'accoutument à ne connoître d'autres loix que leurs volontés abſolues, ils ſappent le fondement de leur puiſſance. Il viendra une révolution ſoudaine & violente, qui, au lieu de modérer

modérer ſimplement leur autorité exceſſive, l'abbattra ſans reſſource.

D'un autre côté, on doit enſeigner aux Peuples que les Souverains étant expoſés aux haines, aux jalouſies, aux bévûes involontaires qui ont des conſéquences affreuſes mais imprévues, il faut plaindre les Rois & les excuſer. Les hommes ſont à la vérité malheureux d'avoir à être gouvernés par un Roi qui n'eſt qu'un homme ſemblable à eux : car il faudroit des Dieux pour redreſſer les hommes. Mais les Rois ne ſont pas moins infortunés, n'étant qu'hommes, c'eſt-à-dire, foibles & imparfaits, d'avoir à gouverner cette multitude innombrable d'hommes corrompus & trompeurs.

Par ces maximes également convenables à tous les états, & en conſervant ainſi la ſubordination des rangs, on peut concilier la liberté du Peuple avec l'obéiſſance dûe aux Souverains, & rendre les hommes tout enſemble bons Citoyens & fideles Sujets, ſoumis ſans être eſclaves, & libres ſans être effrénés. Le pur amour de l'ordre eſt la ſource de toutes les vertus politiques, auſſi-bien que de toutes les vertus Divines.

« Enfant de Saint Louis, » diſoit le ſage & pieux Prélat à

ſon illuſtre Éleve dans une de ſes Lettres : « imitez votre Pere.
» Soyez comme lui, doux, hu-
» main, acceſſible, affable,
» compatiſſant & libéral. Que
» votre grandeur ne vous empê-
» che jamais de deſcendre avec
» bonté juſqu'aux plus petits,
» pour vous mettre à leur place ;
» & que cette bonté n'affoibliſſe
» jamais, ni votre autorité, ni
» leur reſpect. Étudiez ſans ceſſe
» les hommes. Apprenez à vous
» en ſervir, ſans vous livrer à
» eux. Allez chercher le vrai mé-
» rite juſqu'au bout du monde :
» d'ordinaire, il demeure mo-
» deſte & reculé. La vertu ne
» perce point la foule : elle n'a,

» ni avidité, ni empressement; » elle se laisse oublier. Ne vous » laissez point obséder par des » esprits flatteurs & insinuans : » faites sentir que vous n'aimez » ni les louanges, ni les basses» ses. Ne montrez de la confian» ce qu'à ceux qui ont le coura» ge de vous contredire avec res» pect, & qui aiment mieux vo» tre réputation que votre fa» veur.

» Il est tems que vous mon» triez au monde une maturité, » & une vigueur d'esprit propor» tionnées au besoin présent. » Saint Louis, à votre âge, étoit » déja les délices des bons, & la » terreur des méchans. Laissez

» donc tous les amuſemens de l'â-
» ge paſſé. Faites voir que vous
» penſez & que vous ſentez ce
» qu'un Prince doit penſer & ſen-
» tir. Il faut que les bons vous ai-
» ment, que les méchans vous
» craignent, & que tous vous eſti-
» ment. Hâtez-vous de vous cor-
» riger, pour travailler utilement
» à corriger les autres.

» La piété n'a rien de foible,
» ni de triſte, ni de gêné : elle
» élargit le cœur : elle eſt ſim-
» ple & aimable : elle ſe fait
» tout à tous, pour les gagner
» tous. Le Royaume de Dieu ne
» conſiſte pas dans une ſcrupu-
» leuſe obſervation de petites
» formalités, il conſiſte pour-

» chacun dans les vertus propres » à ſon état. Un grand Prince » ne doit point ſervir Dieu de la » même façon qu'un Solitaire, » ou qu'un ſimple particulier.

» Saint Louis s'eſt ſanctifié en » grand Roi. Il étoit intrépide à » la guerre, déciſif dans ſes Con- » ſeils, ſupérieur aux autres par » la nobleſſe de ſes ſentimens, » ſans hauteur, ſans préſomp- » tion, ſans dureté. Il ſuivoit » en tout les véritables intérêts » de ſa Nation, dont il étoit au- » tant le Pere que le Roi. Il » voyoit tout de ſes propres yeux » dans les affaires principales. Il » étoit appliqué, prévoyant, » modéré, droit & ferme dans

» les négociations ; en ſorte que
» les Étrangers ne ſe fioient pas
» moins à lui que ſes propres
» Sujets. Jamais Prince ne fut
» plus ſage pour policer les peu-
» ples, & pour les rendre tout
» enſemble bons & heureux. Il
» aimoit avec confiance & ten-
» dreſſe tous ceux qu'il devoit
» aimer ; mais il étoit ferme
» pour corriger ceux qu'il aimoit
» le plus, quand ils avoient tort.
» Il étoit noble & magnifique ſe-
» lon les mœurs de ſon tems, mais
» ſans faſte & ſans luxe. Sa dé-
» penſe, qui étoit grande, ſe fai-
» ſoit avec tant d'ordre, qu'elle
» ne l'empêchoit pas de dégager
» tout ſon domaine.

» Soyez héritier de ses vertus, » avant que de l'être de sa Cou» ronne. Invoquez-le avec con» fiance dans vos besoins. Sou» venez-vous que son sang coule » dans vos veines, & que l'esprit » de foi qui l'a sanctifié, doit » être la vie de votre cœur. Il » vous regarde du haut du ciel » où il prie pour vous, & où il » veut que vous régniez un jour » en Dieu avec lui. Unissez votre » cœur au sien. *Conserva, Fili* » *mî, præcepta Patris tui* ».

Autant affectionné au bonheur du genre humain en général, qu'à celui de sa propre Nation en particulier, & autant ennemi de la violence & de la persécution, qu'ami ſincere de la juſtice & de l'équité ; voici les ſages & judicieux conſeils que notre illuſtre Prélat donna au Chevalier de Saint George, lorſqu'il fut le voir à Cambrai en 1709 ou 10.

« Sur toutes choſes ne forcez » jamais vos Sujets à changer » leur Religion. Nulle Puiſſance » humaine ne peut forcer le re» tranchement impénétrable de » la liberté du cœur. La force » ne peut jamais perſuader les » hommes : elle ne fait que des » hypocrites. Quand les Rois ſe » mêlent de Religion, au lieu de » la protéger, ils la mettent en » ſervitude. Accordez à tous la » tolérance civile : non en ap-

» prouvant tout, comme indif-
» férent ; mais en souffrant avec
» patience tout ce que Dieu souf-
» fre, & en tâchant de ramener
» les hommes par une douce per-
» suasion ».

Considérez attentivement quels sont « les avantages que vous
» pouvez tirer de la forme du
» gouvernement de votre pays,
» & des égards que vous devez
» avoir pour votre Sénat. Ce Tri-
» bunal ne peut rien sans vous.
» N'êtes-vous pas assez puissant ?
» Vous ne pouvez rien sans lui.
» N'êtes-vous pas heureux d'être
» libre pour faire tout le bien
» que vous voudriez, & d'avoir
» les mains liées quand vous vou-

» driez faire du mal ? Tout Prin-
» ce ſage doit ſouhaiter de n'être
» que l'exécuteur des loix, &
» d'avoir un conſeil ſuprême qui
» modere ſon autorité. L'auto-
» rité paternelle eſt le premier
» modele des Gouvernemens.
» Tout bon pere doit agir de
» concert avec ſes enfans les plus
» ſages & les plus expérimen-
» tés ».

Le *Télémaque* où l'*utile* ſe trouve ſi induſtrieuſement & ſi ſagement enchaſſé parmi l'*agréable*, eſt tout rempli de ſemblables conſeils, qu'il ſeroit extrêmement à ſouhaiter pour le bonheur du genre humain, que les Souverains de tous les États voulussent bien écouter & suivre : mais qu'il seroit tout-à-fait superflu de transcrire ici, vu que cet excellent ouvrage se rencontre par-tout, & entre les mains de tout le monde.

FIN.

APPROBATION.

J'AI lû par Ordre de Monſeigneur le Garde des Sceaux un Imprimé qui a pour Titre, *Directions pour la Conſcience d'un Roi, composées pour l'Inſtruction de M. le Duc de Bourgogne, par M. de Fénelon.* Ce petit Ouvrage ne pouvoit paroître ſous de meilleurs auſpices qu'au commencement d'un régne où le jeune Monarque qui nous gouverne paroît tout occupé à profiter des excellentes inſtructions ſur le grand art de régner, que l'immortel Auteur de Télémaque donnoit à ſon auguſte Éleve. A Paris, le 6 Décembre 1774.

RIBALLIER.

PRIVILÉGE DU ROI.

LOUIS, par la grace de Dieu, Roi de France & de Navarre : A nos amés & féaux Conſeillers, les Gens tenans nos Cours de Parlement, Maîtres des Requêtes ordinaires de notre Hôtel, Conſeils Supérieurs, Prévôt de Paris, Baillifs, Sénéchaux, leurs Lieutenans Civils, & autres nos Juſticiers qu'il appartiendra : SALUT. Nos amés les ſieurs ESTIENNE, Nous ont fait expoſer qu'ils déſireroient faire imprimer & donner au Public un Livre intitulé, *Directions pour la Conſcience d'un Roi, par M. de Fénelon* : s'il Nous plaiſoit leur accorder nos Lettres de Permiſſion pour ce néceſſaires; A CES CAUSES, voulant favorablement traiter leſdits Expoſans, Nous leur avons permis & permettons par ces Préſentes, de faire imprimer ledit Ouvrage, autant de fois que bon leur ſemblera, & de le faire vendre & débiter par-tout notre Royaume, pendant le tems de trois années conſécutives, à compter du jour de la date deſdites Préſentes : FAISONS défenſes à tous Imprimeurs, Libraires, & autres perſonnes de quelque qualité & condition qu'elles ſoient, d'en introduire d'impreſſion étrangére dans aucun lieu de notre obéiſſance. A la charge que ces Préſentes ſeront enregiſtrées tout au long ſur le Regiſtre de la Communauté des

Imprimeurs & Libraires de Paris, dans trois mois de la date d'icelles; que l'impression dudit Ouvrage sera faite dans notre Royaume & non ailleurs, en bon papier & beaux caractères, que l'Impétrant se conformera en tout aux Réglemens de la Librairie, & notamment à celui du 10 Avril 1725, à peine de déchéance de la présente Permission; qu'avant de l'exposer en vente, le Manuscrit qui aura servi de copie à l'impression dudit Ouvrage, sera remis dans le même état où l'Approbation y aura été donnée, ès-mains de notre très-cher & féal Chevalier Garde des Sceaux de France, le sieur HUE DE MIROMENIL, qu'il sera ensuite remis deux Exemplaires dans notre Bibliothéque publique, un dans celle de notre Château du Louvre, un dans celle de notre très-cher & Féal Chevalier, Chancelier de France, le Sieur DE MAUPEOU, & un dans celle dudit sieur HUE DE MIROMENIL, le tout à peine de nullité des Présentes. Du contenu desquelles vous mandons & enjoignons de faire jouir lesdits Exposants ou ses ayans cause, pleinement & paisiblement, sans souffrir qu'il leur soit fait aucun trouble ou empêchement. Voulons qu'à la Copie des Présentes, qui sera imprimée tout au long au commencement ou à la fin dudit Ouvrage, foi soit ajoutée comme à l'Original. Commandons au premier notre Huissier ou Sergent sur ce requis, de faire pour l'exécution d'icelles tous actes requis & nécessaires, sans demander autre permission, & nonobstant clameur de Haro, Charte Normande & Lettres à ce contraires; CAR tel eſt notre plaiſir. DONNÉ à Paris, le quatorziéme jour du mois de Décembre, l'an mil ſept cent ſoixante quatorze, & de notre Regne le premier. Par le Roi, en ſon Conſeil. LE BEGUE.

Regiſtré ſur le Regiſtre XIX de la Chambre Royale & Syndicale des Libraires & Imprimeurs de Paris, N°. 42. fol. 341. conformément au Réglement de 1723. A Paris, ce 17 Décembre 1774.

SAILLANT, *Syndic.*

De l'Imprimerie de C. SIMON, Imprimeur de LL. AA. SS. Meſſeigneurs le Prince de CONDÉ, du Duc de BOURBON, & de Monſeigneur l'Archevêque, 1775.

www.ingramcontent.com/pod-product-compliance
Ingram Content Group UK Ltd.
Pitfield, Milton Keynes, MK11 3LW, UK
UKHW031849260826
14628UKWH00002B/674

9 782329 412337